コミュニケーションのための英語音声学研究

Studies in English Phonetics for Communication

山根　繁　著

関西大学出版部

【本書は関西大学研究成果出版補助金規程による刊行】

はじめに

　英語の教授法は様々な変遷を経て，1980 年代にはコミュニケーション能力の育成を中心としたコミュニカティブ・アプローチ（Communicative Approach）が提唱されるようになり，日本では現在，注目の教授法になっています。このアプローチでは，言語の主な目的をコミュニケーションと位置づけ，意思伝達のための言語を使用ができるようになることを目指しています。クラスでは母語の使用を限定的にして，目標言語を中心にタスクをベースとしたペア・ワークなどのアクティビティを行います。

　また，2020 年度から中学校で導入される予定の文部科学省の新しい学習指導要領では，指導目標を「聞くこと，読むこと，話すこと［やり取り］，話すこと［発表］，書くことの五つの領域別に設定する」と規定するなど，「話すこと」の範疇を二種類に増すことで，4 技能の内「話すこと」に重きを置いた内容になっています。このことからも，コミュニケーション能力の育成を図ろうとする意図が見てとれます。

　コミュニケーション能力に最も重要な要素の一つは，相手に情報を正確に伝えることです。いくら内容のあることを言っていても，発音に問題があるために意図が話し相手に伝わらなければ一方通行になり，コミュニケーションは成立しません。コミュニカティブ・アプローチの教授法では，発話の正確さよりも流ちょうさが重視されます。そのため，発音や文法の正確さが軽視される傾向があります。

　このような日本の英語教育をめぐる社会的な背景を踏まえて，本書は『コミュニケーションのための英語音声学研究』と題し，英語学習者が意思伝達に必要となる発音力を育成することを目的にしています。加えて，大学院生，教育現場の教師，研究者が音声指導や発音研究を行うにあたり，必要不可欠な情報をまとめた実践的な指導書・研究書となることも目途としています。

　本書の特徴は以下のとおりです。

1) 各章の冒頭に「本章の目的」を示し，音声学習・研究項目を明示
2) 学習者のために「発音のコツ」コーナーを設けたことで，わかりやすく発音学習が可能
3) 英語発音に関する専門的な解説により，音声学の知識を身につけることが可能
4) 音響音声学からの知見を取り入れ，音声波形など示すことで，音声を可視化
5) 音声学に関わる最近の研究成果を紹介することで，発音研究に資するよう配慮
6) できるだけ，日本語音声と比較をしながら英語発音について議論
7) 各章に「まとめ」を置き，重要事項の確認ができるよう工夫
8) 各章の最後に配した「復習課題」を通じて，内容理解を促進

　本書が英語の発音学習，音声指導，発音研究に役立つことを大いに期待しております。

　本書の執筆にあたり，たくさんの方々にご支援を頂きました。関西大学外国語教育学研究科の学生のみなさんには，授業を通じて本書をまとめ上げるきっかけや多くの示唆を頂きました。また，同研究科の「山根ゼミ」のみなさんには出版前の原稿を読み込んでもらい，有益なコメントをたくさん頂きました。特に，後期課程の上野舞斗君とは本書の内容に関して踏み込んだ議論を行い，修正・改善を重ねることができました。

　また，本書の出版は，関西大学研究成果出版助成金のご支援を受けて可能になりました。心より感謝致します。

2019 年 2 月

山根　繁

目次

はじめに …………………………………………………………………… i

第 1 章　英語の音声について ……………………………………………… 1
- 1.1　英語の音声とは …………………………………………………… 1
- 1.2　発音記号 …………………………………………………………… 5
- 1.3　音節とモーラ ……………………………………………………… 9
- 1.4　分節素と超分節素 ………………………………………………… 14
- 1.5　第 1 章のまとめ …………………………………………………… 15

第 2 章　音を見る …………………………………………………………… 17
- 2.1　音が伝わるしくみ ………………………………………………… 17
- 2.2　音声波形について ………………………………………………… 18
- 2.3　スペクトル分析 …………………………………………………… 24
  - 2.3.1　音声スペクトログラム ……………………………………… 24
    - 2.3.1.1　母音のスペクトログラム ……………………………… 25
    - 2.3.1.2　子音のスペクトログラム ……………………………… 27
- 2.4　音声分析ソフトを外国語教育で利用する ……………………… 31
- 2.5　第 2 章のまとめ …………………………………………………… 33

第 3 章　発音のしくみ ……………………………………………………… 37
- 3.1　調音器官 …………………………………………………………… 37
  - 3.1.1　声帯のはたらき ……………………………………………… 38
  - 3.1.2　口腔内の調音器官 …………………………………………… 40
- 3.2　第 3 章のまとめ …………………………………………………… 41

第 4 章　プロソディ……………………………………………………43
4.1　アクセントとリズム……………………………………………43
4.1.1　アクセントとは………………………………………43
4.1.2　リズムとは……………………………………………53
4.2　イントネーション………………………………………………61
4.2.1　ピッチとイントネーション…………………………61
4.2.2　イントネーションの表記法…………………………63
4.2.3　音調群…………………………………………………67
4.2.4　イントネーションの種類……………………………69
4.2.5　イントネーションの役割……………………………72
4.3　発話速度とポーズ………………………………………………79
4.3.1　音の長さ………………………………………………79
4.3.2　ポーズ…………………………………………………80
4.3.3　発話速度………………………………………………83
4.3.4　話者の感情とことば…………………………………83
4.4　第 4 章のまとめ…………………………………………………84

第 5 章　母音の発音……………………………………………………89
5.1　母音の発音…………………………………………………………89
5.1.1　舌の持ち上がる位置（前後）による分類…………90
5.1.2　舌の持ち上がる高さ（高低）による分類…………91
5.1.3　唇の構え（唇の丸めの有無）による分類…………95
5.1.4　緊張の有無による分類………………………………96
5.1.5　口（腔）母音と鼻母音………………………………96
5.1.6　単母音と二重母音……………………………………96
5.2　日本人英語学習者の不得意な母音の発音……………………100
5.2.1　/iː/ と /ɪ/ ………………………………………………101
5.2.2　/æ/ と /ɑ/ ………………………………………………102

5.2.3　/e/ と /æ/ ……………………………………………… 103
　　5.2.4　/ɑ/ と /ʌ/ ……………………………………………… 104
　　5.2.5　/ə/ と /ʌ/ ……………………………………………… 104
　　5.2.6　/ɔː/ と /ɑ/ ……………………………………………… 105
　　5.2.7　/uː/ と /ʊ/ ……………………………………………… 106
　　5.2.8　/ɑɚ/ と /ɚː/ …………………………………………… 107
　　5.2.9　/ɔː/ と /oʊ/ …………………………………………… 108
　5.3　母音の長さ ……………………………………………………… 108
　5.4　第 5 章のまとめ ……………………………………………… 111

第 6 章　子音の発音 …………………………………………… 115
　6.1　子音の発音について ………………………………………… 115
　6.2　調音点から見た子音の発音 ………………………………… 117
　6.3　調音方法から見た子音の発音 ……………………………… 119
　　6.3.1　口音と鼻音 ……………………………………………… 120
　　6.3.2　閉鎖音 / 破裂音（stop, plosive）/p, b, t, d, k, g/ ……… 122
　　6.3.3　摩擦音（fricative）/f, v, θ, ð, s, z, ʃ, ʒ, h/ …………… 131
　　6.3.4　後部歯茎破擦音（post-alveolar affricate）/tʃ, dʒ/ …… 138
　　6.3.5　接近音（approximant）/l, r, w, j/ ……………………… 140
　　6.3.6　鼻音（nasal）/m, n, ŋ/ ………………………………… 147
　6.4　3 つの観点から見た子音の発音…………………………… 150
　6.5　つながる子音 ………………………………………………… 151
　　6.5.1　子音連鎖 ………………………………………………… 151
　6.6　第 6 章のまとめ ……………………………………………… 157

第 7 章　音声変化 ……………………………………………… 161
　7.1　つながる音 …………………………………………………… 161
　　7.1.1　"r" 連結 ………………………………………………… 163
　　7.1.2　"n" 連結 ………………………………………………… 164

	7.1.3	その他の連結	165
7.2	変わる音		167
	7.2.1	同時調音	167
	7.2.2	同化現象	169
	7.2.3	その他の変わる音	179
7.3	弱くなる音		185
	7.3.1	強形と弱形	185
7.4	聞こえなくなる音		192
	7.4.1	確立脱落	193
	7.4.2	偶発脱落	193
	7.4.3	閉鎖音の連鎖	199
	7.4.4	子音が3つ以上続く場合	200
7.5	第7章のまとめ		202

第8章　様々な英語発音 ··· 207

8.1	アメリカ英語とイギリス英語		207
	8.1.1	母音の相違	209
	8.1.2	子音の相違	213
	8.1.3	プロソディ上の相違	217
8.2	日本人の発音―明瞭性の高い発音とは		218
	8.2.1	学習者の英語発音に対する考え方	219
	8.2.2	日本人が目指すべき英語発音とは	222
	8.2.3	プロソディと分節素	223
8.3	第8章のまとめ		230

参考文献 ··· 233

索引 ··· 241

第1章　英語の音声について

◀ 本章の目的 ▶
1 ⇒英語の音の基本を理解します。
2 ⇒発音記号の役割について学びます。
3 ⇒本書で使用する発音記号を紹介します。
4 ⇒英語と日本語の音声の基本的な違いについて理解します。

1.1　英語の音声とは

　英語の音に限らず，普段私たちが耳で聞いて理解する言語音声の正体は空気中を伝わってくる音波です。私たちは鼻や口から空気を吸い込み，いったん肺に入った空気は，**気道（wind pipe）**を通って再び鼻や口から吐き出されます。その際，肺から出てくる呼気を様々な音に変え，声として発しているのです。まず，肺から出てきた息は**声帯（vocal cords）**を通過します。声帯は「のど仏」の位置にあって発音に重要な役割を果たします。声帯は1対の薄いひだ状の筋肉からなり，その隙間から呼気が通過する際に閉じたり開いたりします（詳しくは第3章を参照）。
　声帯がわずかに開いている状態で呼気が通過すると，声帯は無数に振動します。このように声帯を振動させて発する音は**有声音（voiced sound）**と呼ばれます。有声音はいわゆる「こえ」の音です。また，声帯が完全に開いた状態，すなわち，普通に息をしているときの状態では，呼気が通過しても声帯は振動しません。このように声帯を振動させずに発する音を**無声音（voiceless sound）**と呼びます。「こえ」の有声音に対して，無声音は「いき」の音といってよいでしょう。

実際，のど仏のあたりに指先を当て，「アーーー」と声を出してみると，声帯の振動を感じることができます。また /f, s, ʃ/ などの無声音を発音してみると，声帯が振動しないことが確認できます。あるいは，両手で両方の耳を覆いながら /sssss.../ と言ってみてください。空気が通過する「スー」という音しか聞こえません。次に /zzzzz.../ と言うと「ズー」という声帯が振動してできる音が聞こえます。

　英語のみならず，すべての言語音は**母音**（**vowel**）と**子音**（**consonant**）とに大きく分かれます。母音とは，肺からの呼気が口腔内で妨げを受けずに生まれる音をいいます。それに対して子音は，調音器官の動きによって，気道内で呼気の流れが妨げられたり，狭められたりしてできる音です。以上の説明をまとめると次のようになります。

　たとえば bat は /b/, /æ/, /t/ の三つの部分に分けることができます。音声学ではこのそれぞれの部分のことを**分節**（**segment**）といいます。bat, pat では語頭の分節である /b/ と /p/ という子音のみが異なっており，このために，この二つの単語は別の意味になっています。最初の子音の /b/ と /p/ が入れ替わると，別の意味を持つ単語になるので /b/ と /p/ は別個の異なる音だと考えられます。このように意味的な弁別をもたらす音のことを**音素**（**phoneme**）といいます。しかし，/p/ の音は必ずしもいつも同じように発音されるとは限りません。/p/ は単語の最初の位置で，次に来る母音が強く発音される場合は，強い音になります。したがって，英語母語話者が pet を発音すると，最初の子音の /p/ は「プッ」という比較的強い息を吐き出す音を

伴います。これを**帯気音**，または**気息音**（**aspiration**）といいます。ところが，日本人が発音するとこの「息の音」が弱くなることがあります。このように，言語音を客観的に記述し，様々な側面から科学的に分析する研究分野が音声学（phonetics）です。

　上述のように子音の /p/ は発音の仕方で微妙に異なりますが，英語母語話者にとっては /p/ 音には変わりはありません。また，/p/ は語尾の位置では普通，帯気音を伴いません。たとえば hop の /p/ は，pet の /p/ と音素としては同じですが，発音される具体音としては異なります。このように実際には微妙に異なるものの，その言語の母語話者が聞いて，同じ音として認識する音が音素なのです。また，気息性を伴う /p/ や，それを伴わない /p/ のように，実際に発音されている音を**異音**（**allophone**）といい，異音は同じ音素の変種と考えられます。

　音素と異音の違いを理解するために，次のような例を考えてみましょう。アラビア数字は，0・1・2・3・4・5・6・7・8・9 の 10 種類の文字から構成されています。また，アルファベットの大文字と小文字は，それぞれ A 〜 Z，a 〜 z の 26 字から成っています。たとえば，図 1-1 のような文字を見た場合，私たちはどのように判断するでしょうか。よく見れば m7c3x7z とわかるはずです。このように，文字は微妙に変形していても，それぞれ固有の形をしていますので判別できます。同じように，子音や母音の発音が少し変化していても，本来の子音，母音として聞き分けすることが可能です。

図 1-1　変形した数字と文字

　また，52 枚からなるトランプには，いろいろな大きさで印刷したものがありますが，その大きさの違いはゲームに影響しません。同じように，英語の音素は，わずかに発音が異なる異音と呼ばれるたくさんの具体音から成っ

ていますが，コミュニケーションに影響しません。

　本書では原則，音素はスラッシュ / / で，異音はブランケット［ ］で表します。たとえば，pet の最初の音は，音素として /p/ と表記し，その異音のひとつである帯気性を伴うことを示す場合は［ʰ］を付けて［pʰ］のように表します[1]。このように，ある音素が具体的音声して実現することを**具現化（realization）**といいます。

　bat-pat，pet-pat などのように，語中の同じ位置でひとつの子音や母音だけが異なるために，意味の違いが生じる単語のペアのことを**最小対立語，ミニマルペア（minimal pair）**といいます。

　基本的に日本語には「ア」，「イ」，「ウ」，「エ」，「オ」の5種類の母音しかありません。しかし，英語の音素の数は44個（母音は二重母音も含めて20個，子音は24個）あるといわれています（Cruttenden, 2014; Hewings, 2004; Roach, 2009）。たとえば，日本語の「ア」に似た英語の母音は図1-2のように5種類あり，日本人はすべて日本語の「ア」として発音してしまいがちです。

日	ア				
英	/ɑ/ h**o**t	/æ/ b**a**nk	/ʌ/ **u**p	/ə/ **a**bout	/ɚ/ h**er**

図1-2　日本語の「ア」に似て聞こえる英語の母音

　以下の英語の母音リストは，日本人学習者が一般的に正しい発音を苦手とする音（右側）で，それぞれに似た日本語の母音（左側）を代用して発音しがちです。たとえば，日本語の母音体系には /ɪ/, /iː/ の区別がないために，それぞれに似た音の「イ」の音が使われることがよくあります（第5章参照）。

〈日本語〉　　　　　〈英語〉
「イ」……………… /ɪ/, /iː/

「エ」……………………/e/, /eɪ/
「ア」……………………/ɑ/, /æ/, /ʌ/, /ə/, /ɚ/
「オ」……………………/ɔː/, /ɑ/, /oʊ/
「ウ」……………………/ʊ/, /uː/

次に英語の子音について簡単に見ます。子音の特徴は，肺からの息が調音器官によって何らかの妨げを受けて生まれてくるところにあります。英語を学ぶ日本人にとって，日本語にない英語子音の発音は困難です。たとえば，英語の /l/, /r/ は日本語の「ラ」の最初の子音と似ていますが，実際は同じ音ではありません（詳しくは第6章を参照）。また，日・英語に共通して用いられるように思われる子音も，厳密に見れば，その発音方法が異なる場合も少なくありません。たとえば，英語の /p/, /t/, /k/ は，それぞれ日本語の「プ」，「ト」，「ク」の最初の子音と同じように思えます。しかし，先に述べたように，語頭やアクセントのある音節の最初では，英語の無声破裂音は日本語のそれより，強い呼気の流れを伴って発音されます。

1.2 発音記号

英語の音のみならず，世界中の言語の音を文字として表すために**国際音標文字**（IPA: *I*nternational *P*honetic *A*lphabet）という発音記号が使われます。図 1-3 が子音のリストです。一番左の縦の項目は，**調音方法**（**manner of articulation**）を表しています。詳しくは，第6章で出てきますが，たとえば Plosive というのは破裂音のことです。また，一番上の列は，**調音点**（**place of articulation**）を示しています。たとえば Bilabial というのは両唇音です。この図からは /p, b/ は両唇音であり，破裂音でもあることがわかります。音声学関係の書物で使われる発音記号の多くは，この IPA を基盤にしています。

そもそも，なぜわざわざ発音記号を使うのでしょうか。それは特に英語の場合，発音とスペリングが一致しないことが多いからです。たとえば /ʃ/ の

音に対して, shoe, sugar, issue, nation, conscious, chaperon などを含めて 14 種類のスペリングがあるといいます（Celce-Murcia, Brinton, Goodwin, & Griner, 2010, p. 54）。発音とスペリングとの不一致でよく引き合いに出されるのが, 英国の劇作家ジョージ・バーナード・ショー（George Bernard Shaw）が言い出したといわれている "ghoti" という無意味語の発音です。ショーはこの語は /fɪʃ/ と発音するといいます。なぜなら, "gh" のスペリングは laugh などの /f/ の音で, "o" は women などの /ɪ/ の発音, "ti" は nation などの /ʃ/ の発音にあるからです。

	Bilabial	Labiodental	Dental	Alveolar	Postalveolar	Retroflex	Palatal	Velar	Uvular	Pharyngeal	Glottal
Plosive	p b			t d		ʈ ɖ	c ɟ	k g	q ɢ		ʔ
Nasal	m	ɱ		n		ɳ	ɲ	ŋ	N		
Trill	B			r					R		
Tap or Flap				ɾ		ɽ					
Fricative	ɸ β	f v	θ ð	s z	ʃ ʒ	ʂ ʐ	ç ʝ	x ɣ	χ ʁ	ħ ʕ	h ɦ
Lateral fricative				ɬ ɮ							
Approximant		ʋ		ɹ		ɻ	j	ɰ			
Lateral approximant				l		ɭ	ʎ	L			

図 1-3　国際音標文字（子音）にもとづく

　IPA は国際音声学会（International Phonetic Association）が定めた音声記号です。スラッシュ / / で挟んで書かれた IPA は, **簡略表記（broad transcription）**で, 普通は音素を表しますので, **音素表記（phonemic transcription）**ともいいます。これに対して, 角括弧 [ ] で挟んで書かれた発音記号は, より細かい音を表すときに使われ, **精密表記（narrow transcription）**といい, 普通, 異音を示します。この具体音を示す発音記号のことを**異音表記（allophonic transcription）**ともいいます。簡易表記で表す基本的な音の場合, 音声学に詳しい人ならば, 誰が表記しても同じ記号になりますが, より詳しい情報が求められる精密表記では, 基本的には聞こえた音の印象に頼ることになりますので, たとえ全く同じ音でも音声学者によっては異なった発音記号が使われる場合もあります。

　精密表記をするためには, 様々な**発音区別符号（diacritics）**が使われま

す。たとえば中舌母音化を表す場合は［ ¨ ］の記号を使い，中舌母音化した音素の /e/ は，［ë］として表記します。pad は簡易表記では /pæd/ ですが，精密表記では /pʰæd̥/ になります。この場合，［pʰ］は帯気音を伴う /p/ を表し，［d̥］は無声音化した /d/ を示します。

　本書ではアメリカ英語の発音（以下，米音という）を中心に扱い，必要に応じてイギリス英語の発音（以下，英音という）にも言及します（第 8 章を参照）。表 1-1 では，本書で使用する IPA を基本にした母音の発音記号と，英米で出版された音声学関係の書籍で使用されている母音の発音記号とを比較しています。

表 1-1　母音の発音記号

	例	本書 米音 英音		Roach (2009) 英音	Celce-Murcia et al. (2010) 米音	Cruttenden (2014) 英音	Ladefoged & Johnson (2011) 米音 英音	
1	sea, key	/iː/		/iː/	/iy/	/iː/	/i/	/i/
2	it, inn	/ɪ/		/ɪ/	/ɪ/	/ɪ/	/ɪ/	/ɪ/
3	egg, pet	/e/		/e/	/ɛ/	/e/	/ɛ/	/ɛ/
4	add, man	/æ/	/a/	/æ/	/æ/	/a/	/æ/	/æ/
5	heart, card	/ɑɚ/	/ɑː/	/ɑː/	/ɑr/	/ɑː/	/ɑ/	/ɑ/
6	too, shoe	/uː/		/uː/	/uw/	/uː/	/u/	/u/
7	put, good	/ʊ/		/ʊ/	/ʊ/	/ʊ/	/ʊ/	/ʊ/
8	all, also	/ɔː/		/ɔː/	/ɔ/	/ɔː/	/ɔ/	/ɔ/
9	not, hot	/ɑ/	/ɒ/	/ɒ/	/ɑ/	/ɒ/	/ɑ/	/ɒ/
10	about, oppose	/ə/		/ə/	/ə/	/ə/	/ə/	/ə/
11	up, some	/ʌ/		/ʌ/	/ʌ/	/ʌ/	/ʌ/	/ʌ/
12	earn, earth	/ɚː/	/ɜː/	/ɜː/	/ɜʳ/	/ɜː/	/ɚ/	/ɜ/
13	her, water	/ɚ/	/ə/	(/ə/)	/ɚ/	/ə/	/ɚ/	/ə/
14	say, aim	/eɪ/		/eɪ/	/ey/	/eɪ/	/eɪ/	/eɪ/
15	eye, ice	/aɪ/		/aɪ/	/ay/	/aɪ/	/aɪ/	/aɪ/

16	oil, boy	/ɔɪ/	/ɔɪ/	/ɔy/	/ɔɪ/	/ɔɪ/	/ɔɪ/
17	go, only	/oʊ/	/əʊ/	/əʊ/	/ow/	/əʊ/	/oʊ/	/əʊ/
18	out, cow	/aʊ/	/aʊ/	/aw/	/aʊ/	/aʊ/	/aʊ/
19	ear, peer	/ɪɚ/	/ɪə/	/ɪə/	/ɪr/	/ɪə/	/ɪr/	/ɪə/
20	air, pear	/eɚ/	/eə/	/eə/	/ɛr/	/ɛː/	/ɛr/	/ɛə/
21	poor, sure	/ʊɚ/	/ʊə/	/ʊə/	/ʊr/	/ʊə/	—
22	core, short	/ɔɚ/	/ɔː/	/ɔː/	/ɔr/	(/ɔː/)	
23	hired, hire	—	—	—	—	/aɪr/	/aə/

　表 1-2 では，本書と他の音声学書で使用されている子音の発音記号を比較しています。この表からわかるように，基本的には子音に関してはどの専門書も同じ発音記号が使われています。

表 1-2　子音の発音記号

	例	本書	Cruttenden (2014), Ladefoged & Johnson (2011), Roach (2009)	Celce-Murcia et al. (2010)
1	pan, peach	/p/	/p/	/p/
2	beach, bee	/b/	/b/	/b/
3	tip, ten	/t/	/t/	/t/
4	do, deal	/d/	/d/	/d/
5	king, could	/k/	/k/	/k/
6	good, gave	/g/	/g/	/g/
7	fan, fat	/f/	/f/	/f/
8	vat, seven	/v/	/v/	/v/
9	smoke, place	/s/	/s/	/s/
10	razor, zero	/z/	/z/	/z/
11	think, thing	/θ/	/θ/	/θ/
12	bathe, these	/ð/	/ð/	/ð/
13	shop, nation	/ʃ/	/ʃ/	/ʃ/

14	vi<u>s</u>ion, bei<u>g</u>e	/ʒ/	/ʒ/	/ʒ/
15	<u>h</u>at, be<u>h</u>ind	/h/	/h/	/h/
16	<u>ch</u>in, <u>ch</u>eck	/tʃ/	/tʃ/	/tʃ/
17	a<u>g</u>e, <u>g</u>in	/dʒ/	/dʒ/	/dʒ/
18	<u>m</u>ap, la<u>m</u>b	/m/	/m/	/m/
19	<u>kn</u>ow, <u>n</u>ap	/n/	/n/	/n/
20	si<u>ng</u>, fi<u>ng</u>er	/ŋ/	/ŋ/	/ŋ/
21	<u>l</u>oad, be<u>l</u>ieve	/l/	/l/	/l/
22	<u>r</u>ight, <u>r</u>ed	/r/	/r/	/r/
23	<u>y</u>es, <u>u</u>nion	/j/	/j/	/j/
24	<u>w</u>ind, <u>q</u>uick	/w/	/w/	/w/
(25)	<u>wh</u>ich, <u>wh</u>at	—	—	/hw/

　Celce-Murcia et al.（2010, p. 53）では，子音の一覧表において，たとえば which の語頭子音を /hw/ としています。しかし /w/ の発音も可能で，/hw/ は旧式で保守的な発音だといわれています。

1.3　音節とモーラ

　英語母語話者が単語を区切って発音する際，比較的違和感なしに区切れる最小の単位が**音節**（**syllable**）です。英語母語話者に McDonald という語を，ゆっくり区切って発音するようにいうと，次のように3つのかたまり，すなわち Mc・Don・ald　/mək-dɑn-əld/ というように発音するでしょう。この3つの音のかたまりは，**拍**（**beat; pulse**）と呼ばれ，これが音節という単位です。たとえば cat /kæt/ は /k/，/æ/，/t/ という3つの音から成っていますが，1音節の単語です。さらに，それぞれの音節内には，発音上のエネルギーが大きく，**聞こえ度の高い**（**sonorous**）箇所が一つ含まれます。ほとんどの場合，母音がその中心となります。crisp /krɪsp/ の場合は，母音の /ɪ/ がこの音節の核となっており，この音を音節の**音節核**あるいは，**音節主音**（**nucleus**

といい，発音上のエネルギーもピークになります。また，音節のはじめの子音（群）/kr/ は**頭子音（onset）**，音節末の子音（群）/sp/ は**結び子音（coda）**と呼ばれます。音節の構造を図式化すると図 1-4 のようになります。

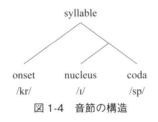

図 1-4　音節の構造

　音節とは普通，母音を必ず含み，その前または後に一つ，もしくは複数の子音を伴う単位と定義付けすることができます。音節は母音だけで構成されることもあり，前後の子音はそれぞれ伴う場合と伴わない場合があります。たとえば，eye /aɪ/ は主音のみの二重母音だけで一つの音節を構成しています。また，key /kiː/ は頭子音と主音を持ちますが結び子音はありません。このように母音で終わる音節を**開音節（open syllable）**といいます。上記の crisp /krɪsp/ の場合，音節の 3 つの要素がすべてそろっています。crisp のように最後が子音の音節のことを**閉音節（closed syllable）**といいます。したがって，音節の構造は（子音）+ 母音 +（子音）として表すことができます（丸括弧は必ずしも伴う要素ではないことを示します）。**子音（Consonant）**を C，また**母音（Vowel）**を V で示すと，CVC が一般的な英語の音節構造になります。基本的には，単語の音節の数は母音の数に相当します。

　アクセントの置かれた音節の母音が /ɪ, e, æ, ʌ, ɑ, ʊ/ のいずれかの時は，必ず結び子音（coda）を伴います。言い換えれば，以下の例のように，これらの母音を伴う強く発音する音節は子音で終わることになります。

ac-cépt,　char-ac-ter,　fóot-age,　ín-ter-est-ing,　quál-i-fy,　wón-der-ful,
/-sépt/　/kǽr-/　　　/fót-/　　/ín-/　　　　　/kwál-/　　/wʌ́n-/

同一エネルギーの音で比較して、どれくらい遠くまで音が聞こえるかという尺度を、音の**聞こえ度**（**sonority**）といいます。一般的に母音は子音より音の「響き」、すなわち聞こえ度は高いので、音節という音のかたまりの中核となるわけです。

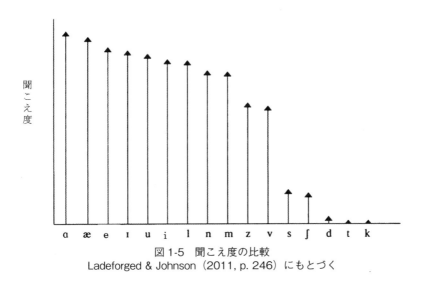

図 1-5　聞こえ度の比較
Ladeforged & Johnson（2011, p. 246）にもとづく

図 1-5 では音の聞こえ度を比較しています。この図から、母音の聞こえ度が子音に比べて高いのがわかります。母音の中でも /ɑ, æ/ のように口を大きく開けて発音する母音が一番聞こえ度は高く、/iː, ɪ/ のように口をあまり開けない母音が次に続きます（第 5 章を参照）。子音の中でも /m, n, l/ は調音の際、調音器官による呼気の流れの妨げが比較的少なく、聞こえ度も高いので母音に代わって音節の中核として主音なる場合があります。このように音節を形成する子音は**成節子音**（**syllabic consonant**）と呼ばれ［m̩, n̩, l̩］のように表記します。子音の中で聞こえ度が低いのは /s, ʃ/ のような無声摩擦音、一番低いのは /d, t, k/ のような無声閉鎖音です。

表 1-3 では英語の音節構造として可能な組み合わせを C（Consonant）と V（Vowel）で示し、それぞれの例となる語を挙げています。

表1-3　英語の音節構造

	音節構造	単語例	発音
1	V	eye	/aɪ/ [2]
2	VC	it	/ɪt/
3	VCC	and	/ænd/
4	VCCC	asked	/æskt/
5	CV	key	/kiː/
6	CVC	seat	/siːt/
7	CVCC	must	/mʌst/
8	CCV	tree	/triː/
9	CCVC	plus	/plʌs/
10	CCVCC	treats	/triːts/
11	CCVCCC	crisps	/krisps/
12	CCCV	screw	/skruː/
13	CCCVC	stress	/stres/
14	CCCVCC	streets	/striːts/
15	CCCVCCC	strength	/streŋ*k*θ/
16	CCCVCCCC	strengths	/streŋ*k*θs/

注：斜体の発音記号は，発音が省略されることがあることを示します。

　音節の知覚は，母語に影響を受けます。たとえば，street はアルファベットが6文字並んでいますが1音節から成る語で，英語母語話者は1つのかたまり（音節）として知覚します。カタカナ英語の「ストリート」は，日本人にとっては5つの音のかたまりとして聞こえます。

　日本語の音の単位は**モーラ（拍）(mora)** と呼ばれ，基本的に仮名1文字に相当します。たとえば，「くるま」は3モーラで，/ku-ru-ma/ のように子音と母音とが交互に来ます。英語の street /striːt/ は1音節ですが，モーラ単位の日本語の音韻体系で発音するとストリート「ス・ト・リ・ー・ト」のようになり5モーラになります。

「ネッ」などの「ッ」（促音）は1モーラですので，「ネッ」で2モーラになります。「ン」（撥音）や，音を伸ばすときに使う「ー」（長音）も1モーラとして数えますが，チャ，ウィなど（拗音）は2文字で1モーラです。日本語では，特にゆっくりと話した場合，すべてのモーラが等間隔で現れる傾向がありますので，**モーラ拍リズム（mora-timed rhythm）**の言語であるといわれます。

日本語の発音に慣れていない英語母語話者が，「関西」という日本語を聞くと，/kan-sai/ というように2つの音節として認識することになります。ところが日本人母語話者は /ka-n-sa-i/ と4つのモーラとして認識します。「歯」は標準日本語では /ha/ で1モーラですが，大阪方言では「ハー」と長音化することがありますので，その場合は2モーラです。このように，音節より小さな音の「長さの単位」がモーラです。

また，英語では子音が連続して続く場合が日本語より多く，次の文を子音（C）と母音（V）で表示すると，語と語の切れ目においても子音が連続して現れていることがよくわかります。たとえば，"The street was crowded with cars." を子音（C）と母音（V）で表示すると以下のようになります。

The street was crowded with cars.
/ ðə striːt wəz kraʊdɪd wɪð kɑɚz/
CV CCCVC CVC CCVCVC CVC CVC

このように，子音が連続する部分のことを**子音連鎖（consonant cluster）**といいます。日本人学習者は日本語の音韻体系に引きずられて street をストリート /sutoriːto/ と発音する傾向にあるので，余分な母音を挿入して「子音＋母音」の連続にならないよう注意しなければなりません。「**外国語なまり**」**(foreign accent)** が生まれたり，英語学習者が「英語は聞き取りにくい」と感じたりするのは，このような日本語と英語の音韻体系の相違がその原因の一つとなっています。さらに，一般的に母音より聞こえ度（sonority）の低い子音が連続して出現するため，日本人学習者は，英語は聞き取りにくいと

いう印象を持つ場合があります。

　前述のように，日本語では音の構造上，子音（Consonant：C）と母音（Vowel：V）の連続が一つの単位として現れる傾向がありますが，英語では「CVC」が基本で，子音が連続して現れる傾向があります。たとえば，next spring /nekstsprɪŋ/ では2つの語を挟んで6つの子音が連続しています。子音（Consonant）をCで，母音（Vowel）をVで表すとCVCCCCCVCになります。日本語的な，いわゆるカタカナ発音では，/ne-ku-su-to-su-pu-ri-n-gu/ のように9モーラになります。

1.4　分節素と超分節素

　ここまでは，個々の母音や子音のような音素という単位，すなわち分節（segment）によって音を区分してきました。このような音の単位を**分節素（segmental）**といいます。英語の音声は個々の音素より，もっと大きな単位でとらえることができます。たとえばrecord は，最初の音節に**アクセント（accent）**を置いてrécord と発音する場合と，2番目の音節にアクセントを置いてrecórd 発音する場合とでは品詞が異なります。前者は名詞で「記録，成績」などの意味になり，後者は「記録する，録音する」という動詞です。アクセントを最初の音節に置くと，最初の音節の方が，**音の大きさ（loudness）**は大きく聞こえ，また**音の高さ（pitch）**も高く聞こえ，さらに**音の長さ（duration）**もより長く感じられます。また，**イントネーション（intonation）**も重要な意味情報を伝達します。たとえばyes を下降調で発音すると肯定の意味になり，上昇調では，相手の言ったことを聞き返す意味になります。さらに，英語の話しことばには，音の強弱から構成される**リズム（rhythm）**，**発話速度（temp; speech rate）**の要素があります。

　アクセントやイントネーションのように，音素より長い単位，すなわち音節，単語，句，節，センテンス，談話単位において意味などの対比を生み出す要素のことを**超分節素（suprasegmental; prosody）**といいます。これについては，第4章で詳しく検討します。

注
1）本書では，異音を含む語全体の発音記号を表記する際は，たとえば pet /pʰet/ のように，スラッシュ / / を使います。
2）/aɪ/ は二重母音なので，一つの母音（V）として扱います。

1.5　第1章のまとめ

☐ 言語音を客観的に記述し，様々な側面から科学的に分析する研究分野を音声学といいます。
☐ IPA はすべての言語音を文字として表記することを目的としています。
☐ 音声は，大きく母音と子音という分節（segment）に分けることができます。
☐ 英語では音節（syllable）が，また日本語ではモーラ（mora）が，それぞれ一つのユニットとして自然に発音できる最小の単位です。
☐ 語中の同じ位置でひとつの子音や母音だけが異なるために，意味の違いが生じる単語のペアのことをミニマルペア（minimal pair）といいます。

復習課題

1-1　次の単語はそれぞれ何音節ですか，音節数を数字で答えてください。

1. street   2. represent   3. rewarding   4. rhythm
5. neighborhood 6. obscure   7. observatory   8. mountain
9. impressive   10. international

1-2　次の単語をそれぞれ C（**Consonant**），V（**Vowel**）で表してください。

1. stress   2. accent   3. this   4. show   5. business
6. physics   7. ghost   8. fundamental   9. success   10. tonight

1-3 上記の練習問題 **1-2** と同じ子音と母音のパターンを持つ語を，それぞれ一つずつ考えてください。

例　stress /stres/ CCCVC　→　street /striːt/

1-4 次のそれぞれの日本語の音節数とモーラ数を書いてください。

	音節	モーラ
関西		
大学		
京都		
野球		
テニス		

第2章　音を見る

◀ 本章の目的 ▶
1 ⇒音が空中を伝わるしくみを理解します。
2 ⇒音声波形・スペクトル分析の基礎を学びます。
3 ⇒外国語教育における音声分析ソフトウエアの活用を提言します。

2.1 音が伝わるしくみ

　物体が振動するとその振動が空気を伝わり，我々の耳に達して鼓膜が振動し聴覚神経が刺激されて「音」として認識されます。たとえば，ギターの弦を弾くと弦は振動し，その影響で周りの空気の分子に粗密ができて，それが振動として伝わりギターの音色が聞こえます。同じように，人が話すと，まず話し手の**声帯**（**vocal cords**）が振動します。その振動が空気の分子の粗密を引き起こし，空中を伝わることによって，聞く人の耳の中にある鼓膜が振動して「声」が聞こえることになります。

　音は空気など振動する媒体がなければ伝わりません。宇宙などのような真空状態では音は伝わりません。人が遠くにいても，声が聞こえる距離内であれば，すぐにその人の声が聞こえます。音が空中を伝わる速度は秒速約 330 メートルです。音が空中を伝わる原理は，静かな池に石を投げ入れると，その周りに波が立ち，だんだん外に向かってその波が広がって伝わる原理と同じです。実際は，水の分子が外側に移動しているのではなく，水の分子の位置は基本的にはそのままで，分子の粗密の変化が上下する波として伝わっているのです。同様に，音の場合も空気の分子の粗密変化が伝わるのであって，空気自体が移動するのではありません。図 2-1 は空気の粗密変化が伝

わっていく様子を図式化したもので，色の濃いところは空気の分子の密度が高く圧力が高い箇所を示しています．粗密の変化が（1）から（2），（3）へと伝わっていきます．

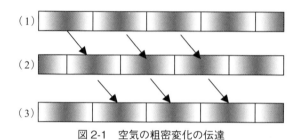

図 2-1　空気の粗密変化の伝達

「声」は声帯が振動することによって生まれます．声帯が振動する際には，次のステップを踏みます．
1) まず，声帯を閉じて肺からの呼気の流れを遮断します．
2) 次に，肺からの呼気の圧力により声帯が押し開かれます．
3) その際，呼気の一部が声帯を通過しますが，声帯が元の形（声門が閉じている状態）に戻ろうとするために，再度声帯が閉じられます．
4) 続けて呼気が肺から押し上げられ，肺からの呼気の供給が続く限り声帯は振動し続けます．

声帯振動が「声」のもととなり，その振動音が**声道（vocal tract）**を通過する際，様々にその音色を変えていろいろな音になります．声道というのは，振動音が通る道のことで，声帯から唇または鼻腔に至る通路を指します．声帯の振動数によって，有声音の音の高さ，すなわち**ピッチ（pitch）**が決まります．声帯の振動する動きが速ければ速いほど，高い音が出ることになります．

2.2　音声波形について

時間を横軸に，圧力変化を縦軸にとると図 2-2, 2-3 のような**波形**

(**waveform**) を描くことができます。波の間隔は図 2-2 のように，比較的広い場合と図 2-3 のように比較的狭い場合が考えられます。たとえば図 2-2 では B の基点からピークの A 点へ向かい，再び B 点を通過してから底点の C 点から B 点に戻ると 1 サイクルの波が完成することになります。1 秒間に繰り返されるこのような波の数をその音の**周波数**（**frequency**）といい，1 秒間のサイクル数（cycles per second: c.p.s あるいは c/s）として数字で表すことができます。音響音声学ではヘルツ（**hertz**, 略語は **Hz**）という単位の方がよく使われます。すなわち 1 Hz = 1 c.p.s になります。人が聞いて音として認識できる周波数（可聴周波数）は，おおよそ 20Hz から 20,000Hz（20kHz）の間だといわれています（鈴木他，2017, p. 15）。

　図 2-2 と図 2-3 とでは波の大きさも異なります。この波の幅，すなわち A と C の間隔のことを**振幅**（**amplitude**）といい，相対的に振幅が大きければ大きな音と聞こえ，小さければ小さな音として聞こえることになります。音が大きな音として知覚されるのは，空中を伝わった音が，人の耳に到達すると，鼓膜がより大きく振動するためです。こうした耳で聞いた主観的な音の大きさのことを**ラウドネス**（**loudness**）といいます。

　主観的な音の大きさは，個々の音の持つ音質によっても左右されますが，ピッチ変化を伴う音節は，より大きな音に聞こえます。また，音節中の母音を長く発音しても大きな音に聞こえます。このような聞き手の印象を表すのに**聞こえ度**（**sonority**）という用語を使います。一般的に，母音は子音より聞こえ度は高いといえます。

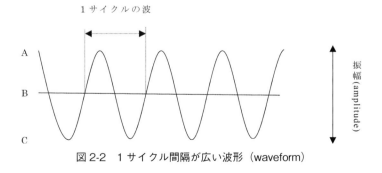

図 2-2　1 サイクル間隔が広い波形（waveform）

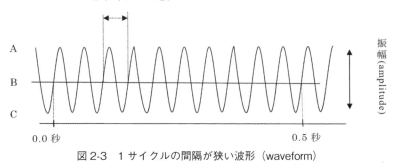

図2-3 1サイクルの間隔が狭い波形（waveform）

　図2-2や図2-3では、整然とした波形が繰り返し現れています。このような単純な波のことを**正弦波（sine wave）**といいます。音叉（おんさ）や聴力検査のときに使われる「ピー」という電子音は正弦波です。実は、人の声を含め、自然界のほとんどの音は、正弦波よりもっと複雑な波形をしています。

　それぞれの音の持つ音質の差は波形の違いによるもので、それぞれ独自の波形を持っています。たとえば、次の図2-4は、あるアメリカ人女性がcar /kɑɚ/を発音した際、"r"の音色が始まる前の母音［ɑ］の部分を時間軸で拡大した波形です。時間軸で拡大すると、まるで虫眼鏡で見るように詳しく「音を見る」ことができます。図2-4から、ほぼ同じ形の波形が繰り返されているのがわかります。このように母音と**共鳴子音（sonorant）**[1]の波形は**複合波（complex wave）**が**規則的（periodic）**に繰り返されてできています。

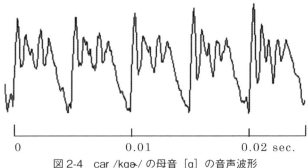

図2-4　car /kɑɚ/ の母音［ɑ］の音声波形

ある音を聞いたときの音の高さ，すなわちピッチは波の頻度によって変化し，一定時間内に繰り返される波の数が多い程，音は高く聞こえ，反対に波の数が少ないと低く聞こえます。ピッチが高い低いというのは感覚的な尺度になりますが，これを物理的な数値で，より客観的に表すことができます。たとえば，この母音［ɑ］の場合，0.005秒間に1回の割合で同じ形の波形が繰り返されていますので，1秒間には200回現れる計算になり周波数は200Hzです。

図2-4は図2-2や図2-3に比べると，より複雑な形をしていますが，これは周波数と振幅の異なる複数の波形が重なってできているからです。その複雑な波を構成する波形の中で周波数の一番低いものを，その波の**基本周波数（fundamental frequency）**，**F0**（エフゼロ）といいます。したがって，図2-4の基本周波数は200Hzです。基本周波数は，人が耳で知覚する感覚的な音の高さ，すなわちピッチと相関しており，高い基本周波数の音ほど高く聞こえます。ピッチの高低は，声帯の振動数と直接関係します。物理的に音の高さを表すためには基本周波数を使います（表2-1を参照）。

大人の男性の話す声の平均基本周波数は約80〜210Hzで，女性の場合は約150〜320Hzです（Ashby & Maidment, 2005, p. 154）。基本周波数は，声帯の振動数によって決まります。一般的に女性の喉頭は男性の喉頭より小さいので，声帯も男性より短いため周波数値は男性より高くなります。人の声の高さは，個人によっても差があり，また同じ人でも話すときの感情の状態などでピッチの範囲は変化し，普通は80Hzから320Hzの幅で変化します。

有声音と無声音では波形のパターンが異なります。図2-4のような母音や有声音の子音は，同じ波形が規則的に繰り返され，こうした波形のことを**規則波（periodic wave）**といいます。このような規則波は，声帯が振動しているときに生まれます。他方，無声子音の破裂音や摩擦音の波形には規則的な繰り返しは見られず，**不規則（aperiodic）**な波動が観察されます。自然界では，お湯が沸騰してヤカンがヒューと鳴る音や自動車のエンジン音など，どちらかというとノイズとして聞こえる音は不規則な波形を持っています。

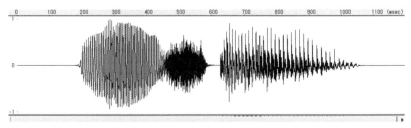

図2-5 "news story" の音声波形

　図 2-5 は news story と発音したときの音声波形ですが，真ん中あたりは黒く塗りつぶされたようになっています。ここは story の語頭の摩擦音の箇所で不規則な波形が続いています。このように周波数変化や振幅が不規則な波形の場合はノイズのような音に聞こえ，その典型的な音が「ザー」というホワイトノイズ（**white noise**）です。story /stɔɚ-ri/ の /s/ の箇所を拡大してみると図 2-6 のように，周波数や振幅が不規則な波形が続いているのがわかります。このような非周期波は，声帯の振動を伴わない音で，呼気が声道を通過する際に調音器官の狭めなどにより，スムーズな通過を妨げられると，**乱流（turbulent flow**）を起こすために生まれます。たとえば /s/ の音は，舌先と歯の裏側の隙間から呼気が押し出されるときに摩擦音として出てくる音です。

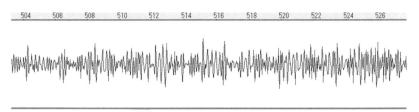

図2-6 "news story" の無声摩擦音 /s/ の音声波形

　図 2-7 は有声子音 /z/ の音声波形を表しています。有声子音は規則波を持つと先に説明しましたが，実際には図 2-7 のように，規則的な波形の繰り返

しの中に細かい不規則な波形が含まれます。このように人の声や楽器などに見られる規則波は，実際には周期波の**純音**（**pure tone**）ではなく，非周期音を伴った**複合周期音**（**complex periodic tone**）なのです。

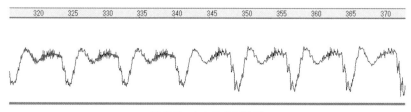

図2-7 /z/ の音声波形

　同じ周波数で同じ振幅の音を聞いても聞こえ方が違う場合があります。たとえば，バイオリンとトランペットで同じ音程，同じ大きさで演奏しても楽器の違いはわかります。これは，弦楽器と金管楽器という振動を起こす媒体が異なることと，音が共鳴する空間の形が異なるからです。すなわち**音質**（**sound quality**）が異なるために違った音として聞こえるのです。同じように母音の /ɑ/ と /ɪ/ を，同じピッチ，同じ大きさで発音しても音質が異なるために違った音として認識されます。/ɑ/ と /ɪ/ では，口の開け方や舌の位置が違うため，音が共鳴する空間の形や広さが異なり，両者は別の音質を持つ母音に聞こえます。

　表2-1は，主観的な用語と客観的な用語の区別を示しています。たとえば，音の高低を示す用語の「ピッチ」は，主観的な表現です。それに対して，「基本周波数」といういい方は，同じように音の高低を示しますが，Hz という物理的な単位を用いて客観的に表現することができます。

表2-1　主観的な用語と客観的な用語

	主観的	客観的	単位
高さ	ピッチ（pitch）	基本周波数:F0（fundamental frequency）	ヘルツ（Hz）
強さ	ラウドネス（loudness）	インテンシティ（intensity），振幅（amplitude）	デシベル（dB）
長さ		持続時間（duration）	ミリセカンド（msec）
高さ（ピッチ変化）強さ・長さ	アクセント（accent）聞こえ度（sonority）		

2.3　スペクトル分析

2.3.1　音声スペクトログラム

　本書では，音声の可視化のために *Praat* という音声分析ソフトウエア[2]を利用しています。これは信頼性の高い音声分析用のツールで，多くの国外の音響音声学の専門家たち（e.g., Halliday & Greaves, 2008; Lodge, 2009; Ogden, 2017）はもとより，国内の音声学や心理言語学の研究者たち（e.g., 服部，2012；川原，2015）も幅広く音声分析に活用しています。

　先に述べたように，言語音というのは普通，周波数と振幅の異なる複数の波形が重なってできています。音の各周波数成分の強さの分布状況を調べるのが**スペクトル分析**（**spectral analysis**）です。スペクトル分析で利用される音響分析装置のことを**音声スペクトログラフ**（**sound spectrograph**）といいます。以前はアナログ式のソナグラフ（sonagraph）という機械を使用していましたが，現在は *Praat* など，コンピュータ上で音響分析ができるソフトウエアを利用します。また，これによって得られた図形のことを**音声スペクトログラム**（**sound spectrogram**）といいます。

2.3.1.1　母音のスペクトログラム

図 2-8，2-9 は，それぞれアメリカ人男性が発音した "see" と "she" の音声波形（上図）とスペクトログラム（下図）を表しています。スペクトログラムでは，縦軸は周波数（Hz），横軸は時間（秒）を表しています。

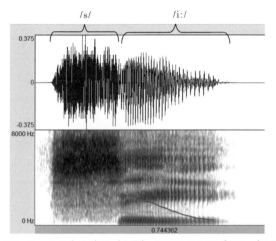

図 2-8　"see" の音声波形（上図）とスペクトログラム（下図）

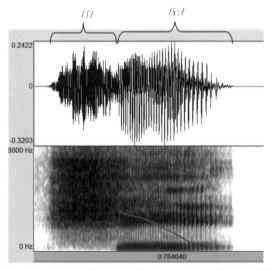

図 2-9　"she" の音声波形（上図）とスペクトログラム（下図）

スペクトログラムは，音の周波数別エネルギー分布状況を表します。スペクトログラム上のプリントの濃淡はエネルギーの強弱を表わしています。図2-8と図2-9を見ると，母音の /iː/ の部分には横に縞が見えます。このように母音に相当する部分には，**フォルマント（formant）**と呼ばれる帯状の黒い横縞が現われ，周波数の低い順に第1フォルマント（F1），第2フォルマント（F2），第3フォルマント（F3）と呼んでいます。母音には，周波数の高い第4フォルマント以上のエネルギー成分も現れますが，母音のフォルマントは，0〜4,000Hzの間に第3フォルマントまでが含まれます。4,000Hz以上のエネルギー成分は母音の音色の識別に関与していないといわれます。

　フォルマントは，特定の周波数領域内での音のエネルギーの強さを反映しています。各々の母音のフォルマント周波数の値の違い（主にF1，F2の位置）は，音質の差を表わし，その違いはスペクトログラムから読みとれます。

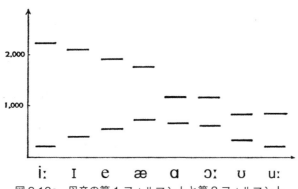

図2-10a　母音の第1フォルマントと第2フォルマント
ラディフォギッド著，佐久間訳（1997, p. 111）にもとづく

　図2-10aは，各母音の第1フォルマントと第2フォルマントの位置関係を略図として示したものです。たとえば母音の /iː/ は，男性話者の場合280Hzあたりにエネルギーの強い箇所があり，第1フォルマントとして現れます。2,200Hzあたりには，次の強いエネルギー成分を示す第2フォルマントが現れます。女性話者の場合は，/iː/ の第1フォルマントは300Hz，第2フォル

マントは 2,700Hz あたりです（Cruttenden, 2014, p. 20, p. 104）。一般的に，女性は男性より声道が短く，口腔内の容積も小さいため，各フォルマントは高い周波数を示します。

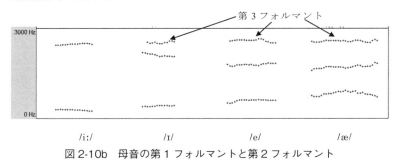

図 2-10b　母音の第 1 フォルマントと第 2 フォルマント

図 2-10b は，アメリカ人男性が発音した 4 つの前舌母音 /iː, ɪ, e, æ/ それぞれの第 1 フォルマントと第 2 フォルマントを，さらに /ɪ, e, æ/ では，それらに加えて第 3 フォルマントを表しています。口の開け方が大きくなるにつれて第 1 フォルマントの位置が徐々に高くなり，第 2 フォルマントの位置は低くなるのがわかります。

フォルマントの位置は，口の開け方（舌の位置の高さ）と関連があります。第 1 フォルマントの位置は，口の開け方が小さい（舌の位置が高い）**閉母音（close vowel）**の /iː, ɪ, ʊ, uː/ では低くなります。第 2 フォルマントの位置は，舌の前方が上あごと近くなる**前舌母音（front vowel）**の /iː, ɪ, e, æ/ では高くなり，舌の後方が持ち上がる**後舌母音（back vowel）**の /ɑ, ɔː, ʊ, uː/ では低くなります。[3]

2.3.1.2　子音のスペクトログラム

ここでは音声スペクトログラムに示される子音の特徴について述べます。

破裂音

破裂音は口腔内で呼気をいったん遮断し，高まった圧力を開放するときに出る音で，呼気の「閉鎖」「保持」「破裂」のフェイズを構成して発音されます（第 6 章参照）。「閉鎖」と「保持」のフェイズでは，呼気の流れは調音器

官によってブロックされるため，口腔内で呼気圧が高まっています。このフェイズの間は無音の状態なので，スペクトログラムには余白として現れます。図2-11の下図は "Peter Piper picked some pickled peppers." のスペクトログラムです。白抜きの箇所が破裂音の「閉鎖」と「保持」を示し，その後の黒い部分が「破裂」の音声エネルギーを表しています。語頭の /p/ はしっかりと「閉鎖」「保持」され，その後，帯気音を伴って呼気が「解放」されますので，白抜きの部分が目立ちます。白抜きの後，縦にまっすぐ貫く濃い部分が破裂を示しています。このように語頭の無声破裂音は帯気音を伴いますのでスペクトログラム上で破裂音の位置を確認するのは比較的容易ですが，語中の /t/, /k/ や語尾の /d/ は強い帯気音を伴いませんのでスペクトログラム上でその位置は識別しにくくなります。

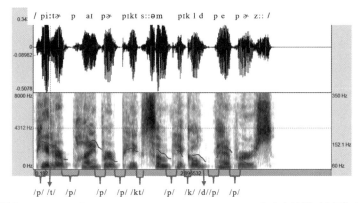

図2-11 "Peter Piper picked some pickled peppers." の音声波形（上図）とスペクトログラム（下図）

摩擦音

摩擦音は，調音器官の狭い隙間を呼気が通過する際にできる音で，音の継続性があります。スペクトログラムでは，音声エネルギーを示す黒い箇所がべっとりと付いているのが特徴です。図2-12は "She sells seashells by the seashore." の音声波形（上図）とスペクトログラム（下図）を表しています。

第 2 章　音を見る

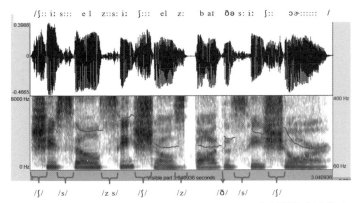

図 2-12　"She sells seashells by the seashore." の音声波形（上図）とスペクトログラム（下図）（上図の発音記号中の ::: 印は音の継続を示します。）

　図 2-8 と図 2-9 の冒頭部分に /ʃ/ と /s/ の発音が出てきますが，スペクトログラム上では /ʃ/ の方が周波数のより低い場所からエネルギー成分が広がっていることが見て取れます。摩擦音は，調音点が異なるとエネルギーの強い周波数帯も異なります。一般的に，後部歯茎音 /ʃ, ʒ/ の周波数分布領域は 2,000 〜 7,000Hz で，歯茎音 /s, z/ は 3,600 〜 7,000Hz です（Cruttenden, 2014, p. 195）。また，摩擦音の中でも無声音の /ʃ, s/ は，/f, θ, h/ よりインテンシティー（intensity）[4)] は高くなります。

鼻音
　鼻音の位置をスペクトログラム上で特定するのは，破裂音や摩擦音に比べるとやや困難になります。図 2-13 は man と name の音声波形（上図）とスペクトログラム（下図）を示しています。man も name も鼻音で始まり鼻音で終わっています。図 2-13 のスペクトログラムからわかるように，鼻音は 500Hz あたりの低い周波数帯に帯状にエネルギー成分が現れます。

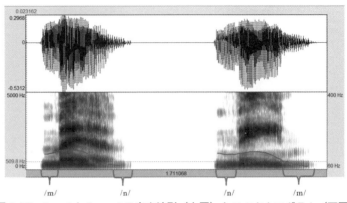

図2-13 "man"と"name"の音声波形（上図）とスペクトログラム（下図）

接近音

図2-14はreachとleachの音声波形（上図）とスペクトログラム（下図）を示しています。それぞれの語頭子音の接近音 /r/, /l/ に特徴的なエネルギー成分は，鼻音と同様500Hzより低い場所に横縞模様として現れます。これが母音のところで出てきたF1のフォルマントです。/r/, /l/ともF2のフォルマントが後続母音 /iː/ へと移行しているのが見て取れますが，/r/の方がその移行が急上昇のカーブを描いているのが特徴です。

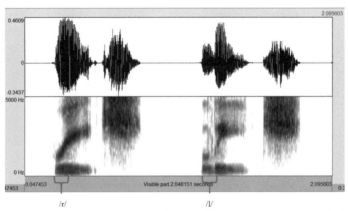

図2-14 "reach"と"leach"の音声波形（上図）とスペクトログラム（下図）

2.4 音声分析ソフトを外国語教育で利用する

　従来から CALL 教室での発音練習では，学習者が自分の発音を英語母語話者のモデル発音と耳で聞いて比較し，リピートしながら発音を練習するという形態（聴覚フィードバック）が一般的でした。すなわち，学習者が主に自らの聴力に頼り，発音を知覚して改善しようとするので，モデル発音と自分の発音との相違をうまく認識できなければなかなか進歩は望めません。最近のコンピュータ技術の向上のお陰で，話しことばを音響音声学的な観点から計量的に音響分析（acoustic analysis）することが容易になってきました。音声分析ソフトウエアはその操作性も向上し価格も低下してきています。また，ネット上では商業ソフトにも劣らない機能を持つフリーウェア（*Praat* など）が公開され，外国語学習の発音指導にも利用しやすくなってきました。これらのソフトを利用すれば学習者が発音した音声を即座に，しかも正確に視覚情報としてコンピュータ画面上に提示できます。特に，母音・子音といった分節的（segmental）な要素より，リズム・イントネーションなど韻律的（prosodic）な要素の方が，画面に現れた場合，視覚的に理解しやすいといわれています。画面上に学習者の発音と，英語母語話者のモデル発音を並べて強弱のリズムの取り方，イントネーションの特徴などを視覚的に比較（視覚フィードバック）できるのです。図 2-15 はアメリカ人話者（model）と日本人話者が，それぞれ "OK, and how would you like to pay for that today?" という文を発音した際のイントネーションを示しています。発音を可視化すれば，イントネーション変化の特徴を視覚的にとらえることができます（Yamane, 2006）。

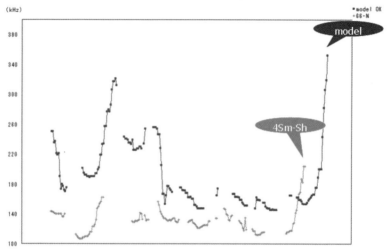

図2-15　アメリカ人と日本人のイントネーション
"OK, and how would you like to pay for that today?"

　このようにコンピュータ上で稼働する音声分析ソフトを外国語教育に応用し，発音の向上に役立てようとする研究は最近盛んになってきました。聴覚と視覚のフィードバックを組み合わせて学習者に音声を提示し，発音指導すれば効果があるという報告が多数見られます（Anderson-Hsieh, 1992；De Bot, 1983; Lambacher, 1999；Spaai & Hermes, 1993；Stenson, Downing, Smith, & Smith, 1992 など）。学習者に発音指導する前の段階として，外国語学習者の発音上の特性を教師は十分把握しておく必要があります。

注
1) 詳しくは第6章を参照。
2) 操作方法については，北原・田嶋・田中（2017）が詳しい。
3) 詳しくは第5章を参照。
4) 音の持つ物理的な強さのこと。

2.5　第2章のまとめ

- □声帯の振動が空気の分子の粗密を引き起こし，聞く人の鼓膜に伝わることで「声」として聞こえます。
- □声帯の振動が「声」のもととなり，その振動音が声道（vocal tract）を通過する際に様々にその音色を変えていろいろな音になります。
- □声帯の振動数によって，声の高さ（pitch）が決まります。
- □人が聞いて音として認識できる周波数は，20Hz から 20,000Hz（20kHz）の間です。
- □規則的な波形の繰り返される規則波を持つ音と，不規則な波形を持つ非規則波を持つ音があります。
- □基本周波数は，人が耳で知覚する感覚的な音の高さ（pitch）と相関しています。
- □音の各周波数成分の強さの分布状況を調べるのがスペクトル分析（spectral analysis）です。
- □スペクトログラム上，母音に相当する部分には，フォルマント（formant）と呼ばれる帯状の黒い横縞が現れます。
- □聴覚と視覚のフィードバックを組み合わせて学習者に音声を提示し，発音指導すれば効果があるという先行研究が多数見られます。

復習課題

2-1 次の音声波形はそれぞれ pet, table, potato を示したものです。どの波形がどの単語の発音を示すか考えてください。

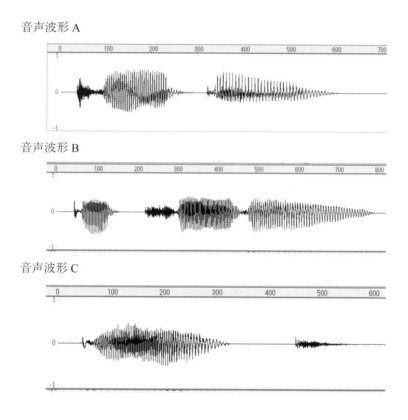

音声波形 A

音声波形 B

音声波形 C

2-2 図 2-3（p. 20）の音波の周波数は何ヘルツですか。

2-3 以下は "She had a slice of toast for breakfast." の音声波形とスペクトログラムです。それぞれの子音，母音の位置を特定してください。

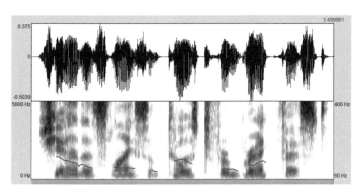

第3章 発音のしくみ

◀ 本章の目的 ▶
1 ⇒発音のしくみを理解します。
2 ⇒調音器官の名称と働きを学びます。

3.1 調音器官

　人の声は，呼気が肺から**気管**（**windpipe**）を経て，のど仏の奥にある**喉頭**（**larynx**）を通り，口や鼻から放出されるまでの過程で生まれます。その呼気の通過する通り道は**声道**（**vocal tract**）と呼ばれて，声道にはそれぞれ発音に関わる**調音器官**（**articulator**）が続いています。図3-1は人の顔を横から見た断面図で，発音に関わる調音器官の場所と名称を示しています。

　声は調音器官やその他の筋肉の収縮活動によって生まれます。たとえば，胸部内の筋肉を使って，発音に必要な空気が肺へ送り込まれます。調音器官の動きと発音のしくみの研究する音声学の分野を**調音音声学**（**articulatory phonetics**）といいます。以下では，調音器官について順番に説明します。

　まず，空気を吸い込み肺にいったん蓄えられた呼気は，気管から**喉頭**（**larynx**）を通過します。

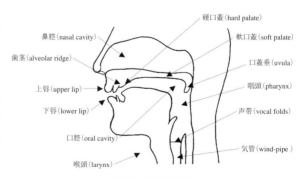

図3-1 調音器官

3.1.1　声帯のはたらき

　喉頭には 1 対の筋肉組織の**声帯**（**vocal folds；vocal cords**）があり，声帯の後方は**披裂軟骨**（**arytenoid cartilages**）につながっています。声帯の大きさは，大人の男性で平均約 17 〜 22mm，女性で平均約 11 〜 16mm ぐらいの長さです。声帯の隙間のことを**声門**（**glottis**）といい，声帯が広がっていると声門が開き，声帯が閉じると声門も閉じられます。声帯の状態には以下の 4 種類があり，略図（図 3-2 〜 3-5 Collins & Mees, 2008 にもとづく）で示しています。

　1）普通に呼吸をしている際は，声門は開いており（図 3-2）呼気は静かに，その隙間から出入りをします。この状態では肺からの呼気は自由に声門を通過しますので声帯は振動しません。声帯が振動しないときには /p, f, s/ のような無声子音が生まれます。

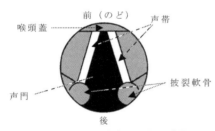

図 3-2　喉頭を上方から見た略図
（声門は開いている）

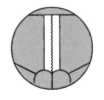

図 3-3　喉頭を上方から見た略図
（声門は閉じて声帯が振動している）

図 3-4　喉頭を上方から見た略図
（声門は閉じているが，声帯は振動していない）

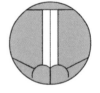

図 3-5　喉頭を上方から見た略図
（声門はしっかり閉じられている）

　2）声門が閉じた状態（図 3-3）で，肺からの呼気が声帯を通過しようと

すると，声帯は振動して「こえ」の音が出ます。声帯の振動は規則的かつ高速です。女性の場合で毎秒 150 〜 320 回ほど振動し，成人男性は 80 〜 210 回ぐらいの振動数です。この声帯が 1 秒間に振動する回数はヘルツ（hertz, 略語は Hz）という単位で表されます。/ɪ/ や /e/ などの母音は通常，声帯が振動することによって生まれます。このような音を**有声音（voiced sound）**といいます。声帯が実際に振動する様子は，指を喉頭（のど仏のあたり）に当ててみるとよくわかります。また，声帯の振動数を変化させることで，声の高低（pitch）を変えることができます。

　/p, f, s/ などの子音は声帯の振動なしでできる音で，**無声音（voiceless sound）**と呼ばれます。無声音の場合は，声帯振動を伴いませんので声の高低は変わりません。/ffff…/ と続けて発音しているときに，のどに指を当てても振動を感じませんが，途中で /ffff…vvvv/ と「こえ」を出すように発音してみると，有声音に変化して喉頭に振動を感じることができます。/f/ と /z/ は無声か有声かの点のみで異なり，発音上の他の点では全く同じペアになります。/s/ と /z/ も同様です。このように子音は多くの場合，無声音と有声音のペアになっています。世界のどの言語でも有声音と無声音はあり，ほとんどの言語において，その違いで単語の意味が異なってきます。たとえば，英語では face /feɪs/ と vase /veɪs/ とでは，語頭音の無声・有声の違いで単語の意味が異なります。

　3）図 3-4 では，声門は閉じていますが披裂軟骨の間が開いています。このような場合は，**ささやき声（whispered speech）**になります。ささやき声のときには声帯は振動しませんので，有声音の様に明確に音の高低を変えることはできません。この状態の声門を呼気が通過するときに生まれる音が /h/ という「いき」の音です。ガラスやメガネを拭くときに「ハー」と息を吹きかけることがありますが，その時の音がこれです。

　4）図 3-5 では，左右の声帯がぴったりと付いて声門はしっかりと閉鎖されています。肺からの呼気の流れは声門で一時的に止まって，一気に吐き出されます。このときの音を**声門閉鎖音（glottal stop）**といいます。ちょうど軽くセキをするときの音がこの音で［ʔ］という発音記号で表します。

肺からの呼気は声帯でいったんせき止められると，声帯より下方の気道内では呼気の圧力が高まります。この呼気圧のことを**声門下圧力**（**subglottal pressure**）といい，これによって声に主に2種類のコントロールができます。まず，呼気圧を変化させることで**声の強さ**（**intensity**）を変えることができます。呼気圧をコントロールして大きな声で叫んだり，小声でつぶやくことができます。次に**声の高さ**（**pitch**）を変えることができます。呼気圧を強くし，声帯の周りの筋肉を緊張させると声帯の振動数が多くなるため，声は高くなります。

3.1.2　口腔内の調音器官

　声帯を通過した呼気は，**咽頭**（**pharynx**）と呼ばれる**口腔**（**oral cavity**）のさらに奥の空間に達します。咽頭は男性で約8cm，女性で7cmぐらいの長さです。口を大きく開けて，手鏡で口腔内を見てみましょう。上あごの一番奥の中央部に垂れ下がっている**口蓋垂**（**uvula**）と呼ばれる組織が見えます。この口蓋垂が上下することで呼気の方向が変わります。すなわち，口蓋垂が上がって，**鼻腔**（**nasal cavity**）への呼気の道が遮断されると，口腔からのみ呼気が吐き出されることになります。普段，静かに呼吸しているときは，口蓋垂は下がり鼻から肺へと空気が出入りします。

　次に，舌を持ち上げて舌先で上あごをなぞってみましょう。上歯のすぐ奥が**歯茎**（**alveolar ridge**）です。さらに奥へとたどっていき，比較的堅い感触のある**硬口蓋**（**hard palate**）を過ぎると，柔らかい組織の**軟口蓋**（**soft palate**）に届くでしょう。**上下の唇**（**upper lip, lower lip**）と**上歯**（**upper teeth**）も発音に関与する調音器官です。上下の唇を閉じて，一気に呼気を吐き出すと /p/, /b/ の音が出ますし，/w/ の発音の際は唇をすぼめて前に突き出すようにして発音します。また，上歯を下唇に軽く当て息を吐き出すと /f/, /v/ を発音することができます。

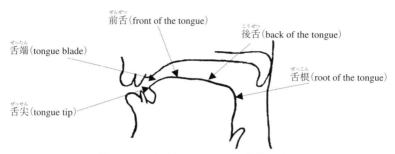

図3-6　調音器官としての舌の部位別名称

　舌も発音に関わる重要な調音器官です。図3-6のように，5つの部位に分かれます。**舌尖（tongue tip）**は文字通り舌の先の部分で，その後方でちょうど上あごの歯茎の真下にあたる部分を**舌端（tongue blade）**と呼びます。さらにその奥，硬口蓋の下方に位置するのが**前舌（front of the tongue）**で，軟口蓋の下が**後舌（back of the tongue）**，舌の一番根本で咽頭部にあるのが**舌根（root of the tongue）**です。発音のしくみを考える際，このように舌を5つの部位に分けますが，舌尖から何cmまでが前舌というような，それぞれに明確な区切りはありません。

3.2　第3章のまとめ

☐ 人の声は調音器官やその他の筋肉の収縮活動によって生まれます。
☐ 調音器官の動きと発音のしくみの研究する音声学の分野を調音音声学（articulatory phonetics）といいます。
☐ 声帯が振動しないときには /p, f, s/ のような無声子音が生まれます。
☐ 声帯が振動することによって生まれる音を有声音（voiced sound）といいます。
☐ 声帯が1秒間に振動する回数はヘルツ（hertz，略語はHz）という単位で表されます。
☐ 肺からの呼気の流れが声門で一時的に止まって，一気に吐き出されるとき

の音を声門閉鎖音（glottal stop）といいます。

練習課題

3-1 下図に示された（a）〜（g）の調音器官の名称を日本語と英語で答えてください。

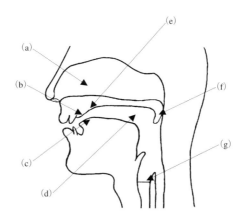

(a)　　　　　　　(b)　　　　　　　(c)　　　　　　　(d)
(e)　　　　　　　(f)　　　　　　　(g)

3-2 次の1〜9の語の語尾音はそれぞれ有声音ですか，あるいは無声音ですか。有声音の場合は「有」，無声音の場合は「無」で答えなさい。

1. tigers（　）　　　2. giants（　）　　　3. have（　）
4. sofa（　）　　　　5. fourth（　）　　　6. especially（　）
7. use（名詞）（　）　8. though（　）　　　9. title（　）

第4章　プロソディ

◆本章の目的▶
1 ⇒プロソディの基本を理解します。
2 ⇒英語のアクセントとリズムについて学びます。
3 ⇒音の高さの変化に注目します。
4 ⇒イントネーションから話し手の意図や心的態度を判断します。
5 ⇒発話速度とポーズについて考えます。

　第1章で，アクセントやイントネーションのように，音素より大きな単位，すなわち音節，単語，句，節，センテンス，談話単位において意味などの対比を生み出す要素のことを超分節素（suprasegmental），あるいはプロソディ（prosody）ということを学びました。Wells（2006, p. 3）は，ピッチ，ラウドネス，発話速度がプロソディを構成する基本的な3つの要素であるといいます。ピッチ変化がイントネーションを生み出し，ラウドネスは音の強さを意味します。また，発話速度は母音や子音など個々の発音の長さ，ポーズの長さとも関連してきます。本章ではプロソディについて詳しく見ていきます。

4.1　アクセントとリズム

4.1.1　アクセントとは
　「アクセント」ということばは，いわゆるカタカナ英語として一般的に使われている意味と音声学的な意味とでは異なります。一般的には，「この服は襟にアクセントを置いてみました」というような，「強調・特色」の意

味で使います。また，"She speaks English with a French accent."（彼女はフランス語なまりの英語を話す）のような発音上の「なまり」の意味もあります。この場合の「なまり」は発音上の方言を指します。広い意味での**方言**（**dialect**）には発音上の方言（accent）も含まれます。日本国内にも様々な方言が存在しますが，広い意味では，方言には発音上の相違だけではなく，語彙や文法上の違いも含まれます。「なまり」は発音上の差異のみを示します。たとえば，外国語なまり（foreign accent）というのは，発音上の特徴のみを指します。

アクセント（accent）という語は，上記のように発音上の方言という意味もあるため，英米で出版されている音声学の専門書の多くは"accent"という語の使用は避けて，"stress"を使う傾向があります。しかしCruttenden（2014, p. 25）は，"stress"は全く使わないと宣言し，際立って聞こえる音節を指し示す際には"accent"という語を使うとしています。とはいうものの，英語のリズムを構成する要素としては，音の強弱，すなわち「強勢」が重要であると従来からいわれているため，この"stress"という用語はよく用いられます。

"stress"という用語は普通，辞書では「強勢」，「ストレス」，「アクセント」と訳されています。しかし「強勢」や「ストレス」という訳語を使うと，音の「強さ」のみが強調されて，後述するような本来の音声学で使う"stress"が持つ意味とは離れてしまうので，本書では「アクセント」という訳語を使用します。

単語の中で**アクセント**（**accent, stress**）の置かれた音節のことを**強音節**（**stressed syllable**），アクセントのない弱く発音される音節のことを**弱音節**（**unstressed syllable**）といいます。強音節は他の音節より際立って（prominent）聞こえますが，その要因としては，次の3つの要素が考えられます。

まず一つ目は，強音節は，他の音節より大きな音として強く発音されます。この音の強さ，すなわち**ラウドネス**（**loudness**）は，主に呼気が肺から吐き出されるときの圧力の強さの度合いと考えられます。したがって，肺からの呼気が強く勢いよく出されれば，その箇所にアクセントがあり，呼気の勢いが弱ければアクセントがないことになります。二つ目の要素は音の高

低，すなわちピッチ（**pitch**）です。強音節は普通ピッチも高くなり，音節内でピッチ変化を伴うこともあります。ピッチ変化を伴う音節は，特に際立って聞こえます。三つ目の要素は，**音の長さ**（**duration**）です。強音節の母音は普通長く発音されます。

これら 3 つの要素，すなわち音の「強さ」，「高さ」，「長さ」は互いに関連しています。試しに，/da: da: da: da: da:.../ とまず同じ調子で言った後，3 番目ごとの da を強く発音してみましょう。/da: da: **da**: da: da: **da**:.../ と，やや大げさに強く言ってみるとよくわかりますが，どうしてもその箇所は音の高さも高くなり，同時に音も長くなるのに気づくでしょう。強く発音しようとすると息を強く吐き出すことになり，それに応じて声帯の振動数も多くなるためピッチも高くなる傾向があります。また，強音節では，吐き出される呼気量も多いので，発音の持続時間も長くなります。これは生理学上，自然な成り行きです。

たとえば，phonetics /fənétɪks/ では第 2 音節の /-nét-/ が強音節です。この第 2 音節が比較的はっきりと聞こえるのは，強音節の母音 /é/ に**プロミネンス**（**prominence**）のピークがきて，長く，ピッチも高くなるからです。逆に弱音節の母音は，音の大きさも小さく，ピッチ変化もなく，短く発音されるので，特に学習者にとっては音として知覚しにくいといえます。この第 2 音節は前後の音節より際立って聞こえます。音の強さだけでなく，音の長さや高さという他の要素も入れて，第 2 音節に**アクセント**（**accent, stress**）があるとか，プロミネンスがあるといいます。アクセントの構成要素[1]を図式化すると図 4-1 のようになります。

アクセント（accent, stress） ⎰ 音の強さ（loudness）
　　　　　　　　　　　　　　⎨ 音の高さ（pitch）
　　　　　　　　　　　　　　⎱ 音の長さ（duration）

図 4-1　アクセントを構成する 3 要素

アクセントの表記方法

2 音節以上の単語の場合，アクセントのある音節の位置はその単語に固有

のもので，単語単位で発音される限りは普通，その位置は変化することはありません。たとえば，dictionary という語は dic-tio-nar-y のように4つの音節から構成され，第1音節目が最も際立って聞こえます。米音の場合，第3音節目も第1音節ほどではありませんが，やや強く聞こえます。最も強いアクセントは**第1アクセント**（**primary accent**）と呼ばれ，該当音節の母音の上に / ´ / を付与します。第1アクセントに準ずる強さのものは**第2アクセント**（**secondary accent**）といい / ` / の記号を付けます。この語の場合，第2番目と最後の第4番目の音節は弱いので，ここにはアクセントはありません。アクセントの置かれない弱音節には何も記号は付きません。このように，弱音節も含めて3段階にアクセントのレベルを分けるのが一般的です。

　その他，音声学の専門書や学習書でよく使われるアクセントの表記法には，主に次の3種類があります。

1）国際音声学会（International Phonetic Association）が制定している国際音標文字（International Phonetic alphabet: IPA）では，第1アクセントのある音節の前に / ˈ / を，第2アクセントのある音節の前に / ˌ / を添えて，たとえば ˈdictioˌnary と表記しています。弱音節には何も記号を付けません。

2）第1アクセントのある音節を大文字，あるいは太字で示します。

　　　　DICtionary　　**dic**tionary（英音）

　さらに，第2アクセントも表記する場合は，小さめの大文字を使うこともあります。

　　　　DICtioNARy（米音）

3）第1アクセントのある音節を●のような大きな黒丸で示し，弱音節は小さな黒丸•で表します。

　　　　dictionary
　　　　●•••　　（英音）

　日本語では「バナナ」という語は，どの音節も，ほぼ同じ強さで発音されますが，正しい英語の発音では第2音節にアクセントが置かれます。いわゆるカタカナ英語の発音では /banana/ のように母音はすべて日本語の「ア」として明瞭に発音されます。ところが，英語では /bənǽnə/ のように，強音節

と弱音節では母音も異なっています。一般的に，母音はアクセントを失うと /ə/ になるため，この音に近づくといわれています。この音は，**あいまい母音（schwa）** と呼ばれ，英語の中で一番出現頻度の高い母音です。口の周りの筋肉に力を入れないよう**弛緩（lax）**させて発音します。日本語の「ア」の構えから口を少し閉じて「ウ」の音色を加えるつもりで発音するとこの音になります。日本人英語学習者は英語を発音する際，すべての母音をはっきり発音してしまう傾向があるので，強弱のリズムのみならず，弱音節に特徴的に現れる不明瞭，かつ短めに発音される「あいまい母音」にも注意する必要があります。

　あいまい母音の /ə/ 以外に，弱音節に含まれる母音には，/i/ と /u/ があります。/i/ はたとえば busy /bɪzi/ の語尾母音 /i/ の音です。この音は，eat /i:t/ などの /i:/ と同様，閉母音・前舌母音ですが，/i:/ よりやや中央寄りになり，短く弱めに発音されます。interesting /íntɚrəstɪŋ/ などの語頭音の /ɪ/ とは異なって，この母音は弱音節に含まれます。弱音節の he /hi/，she /ʃi/，we /wi/，be /bi/ と，母音の前の the /ði/ もこの弱い /i/ の音です。

　　/i/
　　easy　　/í:zi/,
　　party　 /páɚti/
　　happy　 /hǽpi/
　　react　 /riǽkt/

　/u/ も book /bʊk/ などの /ʊ/ と同様，閉母音・後舌母音ですが，/ʊ/ よりやや中央寄りになり，短く弱めに発音されます。たとえば，強音節では you は /jú:/ となりますが，弱音節（母音の前）では /ju/ または /jə/ と弱く，短い発音になります。

　　/u/
　　influential /ɪnfluénʃl/　弱音節（母音の前）

who /hu/, do /du/, you /ju/, to /tu/

　図 4-2 は récord（名詞），図 4-3 は recórd（動詞）の音声波形とイントネーションを表しています。この2つの単語 record は，分節素としては全く同じ子音と母音で構成されますが，アクセントの位置が異なります。このように，単語単位で見たアクセントを**語アクセント / 語強勢**（**lexical stress**；**word stress**）といいます。

　名詞の場合は第1音節に，動詞の場合は第2音節にアクセントが置かれます。また，2番目の音節は /k/ という閉鎖音で始まるので，呼気はいったん「保持」されるため，音声波形，イントネーションとも途中で途切れているのがわかります。また，アクセントのある音節の方がない音節より「強く」，「長く」ピッチも「高く」発音されていることが読み取れます。

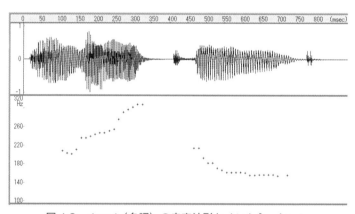

図 4-2　récord（名詞）の音声波形とイントネーション

第4章　プロソディ

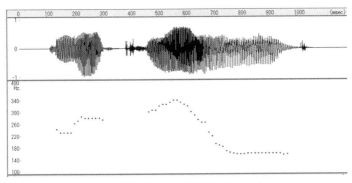

図 4-3　recórd（動詞）の音声波形とイントネーション

　2 音節以上の英単語の中には，発音を聞いた場合，必ず 1 つ際立って聞こえる音節があります。また，同じつづりの語でも，際立つ音節，すなわちアクセントの置かれた音節の位置によって，品詞の種類が異なることがあります。一般的に，2 音節語の名詞，形容詞の場合は「前方アクセント」で，動詞の場合は「後方アクセント」の傾向があります。また，アクセントの位置が変わると，第 1 音節の母音の発音も変化する場合があります。以下に例を示します。（N= 名詞，Adj.= 形容詞，V= 動詞）

conduct /kándʌkt/	(N)	con**duct** /kəndʌ́kt/	(V)
contest /kántest/	(N)	con**test** /kəntést/	(V)
import /ímpɔɚt/	(N)	im**port** /ɪmpɔ́ɚt/	(V)
insult /ínsʌlt/	(N)	in**sult** /ɪnsʌ́lt/	(V)
object /ábdʒɪkt, -dʒekt/	(N)	ob**ject** /əbdʒékt/	(V)
perfect /pɚ́ːfɪkt/	(N, Adj.)	per**fect** /pɚfékt/	(V)
present /préznt/	(N, Adj.)	pre**sent** /prɪzént/	(V)
record /rékɚd/	(N)	re**cord** /rɪkɔ́ɚd/	(V)

　このように récord（名詞）と recórd（動詞）は，アクセントの位置が違うだけで品詞が変わり，それぞれ「記録」と「記録する」となり**対照的**

(**contrastive**) です。récord – recórd のペアは，スペリングが同じでアクセントの位置のみが異なりますので，一種のミニマルペアといえます。

普通，辞書では /díkʃənèəri/ のように，アクセント記号は発音記号と共に表記されます。本書では díctionàry のように，アクセントのある母音の上に記号を付ける方法を併用することにします。

  díctionàry （米音） díctionary （英音）
  èntertáin   èngineér   pìcturésque   àbsentée

接尾辞は語アクセントの位置に影響を与えることがあります。たとえば，photograph /fóʊtəgræf/ は，最初の音節に第1アクセントがありますが，接尾辞の "-ic" が付くと，photographic /fòʊtəgrǽfɪk/ となり，接尾辞の直前に第1アクセントが移動します。例外もありますが，以下が同じルールが当てはまる接尾辞の例です。

  接尾辞

-al	únivèrse	→	ùnivérsal
-ian	líbrary	→	librárian
	mágic	→	magícian
	músic	→	musícian
-ic	áthlete	→	athlétic
	acádemy	→	académic
	périod	→	pèriódic
	phótogràph	→	phòtográphic
-ical	álphabet	→	àlphabétical
	philósophy	→	phìlosóphical
	pólitìcs	→	political

-tion	éducate	→	èducátion
	prepáre	→	prèparátion
	sátisfỳ	→	sàtisfáction
-ity	creátive	→	crèatívity
	hóspital	→	hòspitálity
	réalìze	→	reálity

　advántage は 2 番目の音節にアクセントがありますが，接尾辞の "-ous" が付くと àdvantágeous のように，第 1 アクセントが語根の最後の音節へと移動します。

-ous	advántage	→	àdvantágeous
-ial	próverb	→	provérbial
-ive	réflex（N, Adj.）	→	refléxive

　次に，語より大きな単位，すなわち句（phrase）やセンテンス（sentence）単位でのアクセントについて考えてみましょう。文中には他の語と比べて，際立って強く聞こる単語があります。たとえば，"She wants to listen to classical music." では，普通 wants, listen, classical, music の 4 つの語が，他の語より強く発音されます。センテンス中のどの語がアクセントを受けているかを考えたものを**文アクセント / 文強勢**（**sentence stress**）あるいは，**リズム・アクセント**（**rhythmic stress**）といいます。アクセントのある音節を太字で表すと "She **wants** to **lis**ten to **clas**sical **mu**sic." の様になり，この場合，動詞の wants, listen, 形容詞の classical, 名詞の music に文アクセントが置かれていることがわかります。普通，品詞の中でアクセントを受けるのは一般動詞，名詞，形容詞，副詞など，センテンス内で重要な意味内容を担う**内容語**（**content word**）です。その他，普通，アクセントが置かれるのは疑問詞（文頭で使われる who, what, when, where など），指示代名詞（this, that, these, those），所有代名詞（mine, yours, hers, theirs など），句動詞中の副

詞辞（lóok fórward to, tàke óff など），否定辞（not, isn't, can't など）です。アクセントを受けないのは前置詞，冠詞，助動詞，接続詞，代名詞，関係代名詞など，主に文法的な関係を示す**機能語（function word）**です。「7.3 弱くなる音」のセクションで出てきますが，アクセントのない音節の母音は弱形で発音される傾向があります。

　語アクセントと文アクセントとの関係を考えてみましょう。たとえば，over は単語単位の発音では，最初の音節にアクセントがありますので óver になります。ところが，"She wálked over the ríver and through the fórest." のようにセンテンスの中に入ると，over は通常，強く発音されません。普通は walked, river, forest の3つの単語が文アクセントを受けて強く発音されます。もちろん，意味を強めるために over を強く発音する場合もあります。このように，語アクセントと文アクセントとは関連しているものの，全く同じものではありません。

　強音節に挟まれた弱音節は極端に弱められ，素早く発音されます。文アクセントを受ける語は情報量の多い重要な単語ですが，その他の要素は，軽く発音することが大切です。

　日本語では，同じ「アメ」という語でも，「雨」と「飴」では関東と関西でピッチの高低パターンが異なります。以下の図4-4は，それぞれの語のピッチが，方言によってどのように変化するかを略図で示したものです。

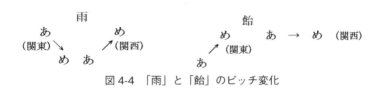

図4-4　「雨」と「飴」のピッチ変化

　英語では，先ほどの récord と recórd などのミニマムペアの例のように，同じつづりの語でもアクセントの位置によって品詞が異なることがあります。このように英語は音の強弱が中心となるリズムを持っているので**ストレス・アクセント（stress accent）**の言語といわれています。ただし，先に述

べたように音が強く聞こえる要因には音の高さと長さも含まれます。これに対して「アメ」の例で示したように，日本語では音の高低が語義をより明確にするので**ピッチ・アクセント**（**pitch accent**）の言語であるといいます。

4.1.2　リズムとは

　メトロノーム音や点滅信号の光など，私たちが日常生活において感覚的に知覚できる刺激が規則的に繰り返されるときにリズムが生まれます。ぐずる赤ちゃんの背中を，リズムよく軽く同じ間隔でポンポンと軽くたたくと泣きやんだりします。

　英語を聞いていると，そこには独特のリズムがあることに気がつきます。このリズムは主として，文中の強く聞こえる音節が，ほぼ等しい時間間隔で現れる傾向があることによって生まれるといわれています。英語の他にオランダ語，ドイツ語，デンマーク語，ロシア語，アラビア語なども**アクセント拍**（**stress-timed**）を持つ言語です。他方，フランス語，スペイン語，ギリシャ語，イタリア語，中国語，日本語などでは，英語と比べると，各音節が同じような強さ，長さで繰り返されるように聞こえます。すなわち，強音節，弱音節のいかんに関わらず，すべての音節が時間的に等間隔で現れる傾向があります。このような言語は**音節拍**（**syllable-timed**）**言語**，すなわち音節によるリズムを持った言語といわれます。また，日本語は各モーラがほぼ等しい強さ・長さで発音される**モーラ拍リズム**（**mora-timed rhythm**）を持つ言語ともいわれています。ただし，アクセント拍，音節拍とも言語に付随する絶対的な現象ではなく，ある言語はアクセント拍の傾向がより強く，また別の言語は音節拍の傾向が強いと考えた方がよいでしょう。

　日本人の英語学習者がセンテンスを音読すると，一つ一つの音節を区切ってポツポツと同じ強さで発音することがよくあります。これは日本語のモーラ・リズムをそのまま英語発音に転化しているからです。日本語では，文中の各モーラをほぼ一様の強さ・長さで発音する傾向がありますが，英語ではアクセントのある強音節は弱音節に比べて際立って聞こえます。

　前述のように，強音節は時間的にほぼ等しい間隔で現れる傾向がありま

す。これを英語リズムの**等時間隔性**（**isochronism**）といいます（服部，2013, pp. 94-95)。たとえば，"**Jóhn** will be **stáy**ing at the **hotél** in **Lón**don."のセンテンスには太字で示した4つの強音節が含まれており，それぞれの強音節の間には2つ，4つ，1つの弱音節があります。**アクセント拍リズム**（**stress-timed rhythm**）を持つ英語では，強音節の間に挟まれた弱音節の数が変化しても，強音節はほぼ同じ時間的間隔で繰り返される傾向があるとされています。確かに，それぞれの強音節にアクセント置いて発音してみると，聴覚的には強いビートがリズムよく，等間隔で操り返されるような感じがします。英語にリズムの等時間隔性が存在するならば，理論上は，図 4-5 の強音節間のそれぞれの間隔（a），（b），（c）は時間的に同じはずです。

(a) =867ms　　(b) =908ms　　(c) =444ms

1　　　　　2　　　　　3　　4

John will be　**stay**ing　at the　**hotel** in **Lon**don.

図 4-5　強音節間の長さ（ミリセカンド）

ところが，実際に TTS[2] で作成したこの音声を，音声分析ソフトの *Praat* を使って，それぞれの強音節母音の中央から，次の強音節母音の中央までの時間を測定してみると，必ずしも厳密な等時性はないことがわかります（山根，2017, pp. 27-28)。図 4-5 で示されているように，実際には各強音節間の物理的な間隔は音節数に応じて変化しています。強音節間に一つの弱音節を含む（c）は 444msec，2つの弱音節を含む（a）は 867msec と，音節数に比例してほぼ倍の長さになっています。ところが4つの弱音節を含む（b）の長さは 908msec となり，弱音節数が（c）の4倍になっているにもかかわらず，間隔は2倍強の長さで収まっています。このように弱音節の数に正比例はしないものの，弱音節の数が多いほど，強音節間の時間間隔は長くなっています。したがって，それぞれの強音節間には厳密な物理的等時性は存在しません。

第 4 章　プロソディ

　次に，上記とはリズム単位の切り方を少し変えて，先ほどと同じセンテンスを使い，英語リズムの等時性について考察します。強音節とそれに続く弱音節までの間隔はフット（**foot**）と呼ばれています。この定義にしたがうと，以下のセンテンスは 4 つのフットに分けることができます。

"**John** will be | **stay**ing at the ho | **tel** in | **Lon**don"

　英語のようなアクセントによるリズムを持った言語，すなわちアクセント拍言語では，このフットの長さは等間隔であるといわれています（Catford, 2001, pp. 171-172）。表 4-1 は上記センテンスの各フットの長さを示しています。最初のフットには音節が 3 つあり，長さは 727ms です。二つ目のフットは 5 音節で構成され，長さは 670ms です。音節数は 1.7 倍になっているにもかかわらず，フット長は逆に短くなっています。さらに 3 番目のフットは 2 音節で，長さは 389ms です。最後のフットも 2 音節ですが 580ms となっています。このように実験音声学的な研究からも，各フットには物理的な点では厳密な等時性はあるとはいえないものの（Cruttenden, 2014; Lehiste,1977; 須藤，2010），知覚的には等間隔で現れるように感じる傾向があることがわかっています（Adams, 1979; Celce-Murcia, Brinton, Goodwin, & Griner, 2010; Collins & Mees, 2013; Roach, 2009）。

表 4-1　フット（foot）の長さ

フット（foot）	音節数	長さ（ms）
John will be	3	727
staying at the ho-	5	670
tel in	2	389
London	2	580

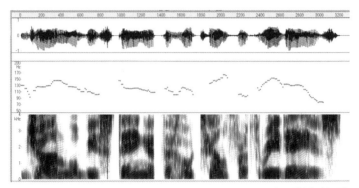

図 4-6 "John will be staying at the hotel in London." の音声波形（上図），イントネーション（中図），スペクトログラム（下図）

このように第1アクセントの置かれた音節が等間隔で繰り返し現れる現象は，たとえば，マザーグースとして知られている英国古来の「わらべ歌」（nursery rhymes），ジャズ・チャンツ（jazz chants），大統領の演説などのスピーチ（public speech）や，詩の朗読，強調した話しことばなどによく見られます。他方，発話速度の速いくだけた会話や，その場で考えながら話す**自発的な発話（spontaneous speech）**のときには，uh, ah, er などのフィラー（filler）や無音のポーズが入るので，リズムの等時性は失われる傾向があります。

アクセントのある強音節を強く発音する練習は，日本語やスペイン語のように，それぞれモーラ拍，音節拍の言語を母語にする話者にとっては，英語リズムを習得するための練習としては有効とされています（Roach, 2009, p. 110）。以下のように，強音節を太字に，弱音節のフォントは小さい目にしたセンテンスを見ながら，モデル発音に続いて発音練習するとよいでしょう。慣れてきたら，文字は見ないで音声だけを聞いた後，リピートする練習をしてみてください。

1. **John** will be **stay**ing at the ho**tel** for **three days**.
2. The **view** from the **top** of the **moun**tain was **beau**tiful.
3. The **girls** will be **eat**ing their **lunch** in a **res**taurant.

4. **Most** of them have ar**rived** on **time**.
5. **That's** the **book** I **bor**rowed from my **friend**.
6. **John** is **think**ing of **send**ing his **stu**dents to A**me**rica to **study**.
7. I'd **like** to **take** you **out** to **din**ner to**night**.
8. The **fire**works over the **sea** were **beau**tiful.
9. At the **wed**ding re**cep**tion there will be **food**, **speech**es, and **danc**ing.
10. I **think** it's **eas**y to **get** to **know** him.
11. The **tax**ies are **clean** and **easy** to **get** on the **streets**.
12. **Would** you recom**mend** a **vis**it to the **zoo**?
13. **What** did you **do** for your **birth**day, **Ann**?
14. **Have** you **ev**er **work**ed in a de**part**ment **store**?
15. **Why** are you **in**terested in **this job**?

アクセント移動

イギリスのロンドンには Piccadílly という繁華街があります。この Piccadilly という地名は，単語単位での発音では，3つ目の音節に第1アクセントが置かれます。また，ロンドン中心部の交差点で，中央のエロスの像で有名な Píccadilly Círcus という広場がありますが，このように名詞句の中では Piccadilly は，第1アクセントの位置が最初の音節に移動します。英語では，強いアクセントどうしの間隔をできるだけ一定に保つことで，強弱のリズムを守ろうとするために，アクセントの位置が変わることがあります。このような現象を**アクセント移動**（**stress shift**），あるいは**リズム移動**（**rhythm shift**）といいます。

àfternóon	→	áfternoon téa
fiftéen	→	fífteenth stóp
Jàpanése	→	Jápanese gárden
Pìccadílly	→	Píccadilly Círcus

たとえば，hálf an hóur という語句の場合は，強・弱・強のリズムになっています。この方が，強音節が連続する文法的に逸脱した連鎖の *a hálf hóur よりは，英語のリズムとして自然です。同様に，súch a gírl の方が，*a súch gírl より英語らしいリズムが保たれます。

次の a）〜d）のセンテンスでは，それぞれ音節数は異なるものの 3 文とも強音節の数は 3 つです。このような場合，各センテンスを発音するのに必要な時間的長さはほぼ等しいとされています。ただし，先に述べたように，厳密な物理的等時性は存在していません。また，弱音節の数が増えても，強音節（girls, eat, lunch）は時間的にほぼ等間隔で発音される傾向があります。そのため，結果的には強音節の間に挟まれた弱音節の will, be, -ing, their, might have been は極端に弱められ，素早く発音されることになります。

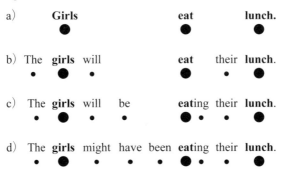

英語のようなアクセント拍リズムを持つ言語では，発話の時間的な長さは音節数に比例するのではなく，強音節の数に依存するといわれます。これに対して，音節拍のリズムを持つ言語では，強音節や弱音節のいかんに関わらず，すべての音節がほぼ同じ間隔で続く傾向がありますので，発話の長さは音節の数に比例するとされています。たとえば，「たまごをたべた」という日本語は 7 モーラですが，「なまたまごをかけてたべました」は 14 モーラです。したがって理論上は，後者の発話は前者の 2 倍の時間を要する計算になります。

日本語では，意味を強調するときなどの例外を除いて，特にゆっくりとした発話では，各モーラをほぼ同じ強さ・長さで発音するので，どのモーラも

比較的明瞭に聞こえます。音の強弱でリズムが作られている英語では，強音節はそこでピッチが変化したり，強く・長く発音されるので明瞭に聞こえますが，リズムの谷間に入ってしまう弱音節は不明瞭に聞こえます。これは，弱音節の箇所ではピッチ変化もなく，音も短く，弱く発音されるからです。日本人学習者が英語を聞いて書き取りをするとき，弱音節の箇所での誤りが多いのもこのためです。

複合語のアクセント

2つ以上の独立した語が結びつき，固有の意味を持つものを複合語（compound word）といいます。たとえば，foot と ball が結びつくと，固有の意味を持つ football という語ができます。複合語は1語として表記されるもの（football, loudspeaker, shopkeeper など），ハイフンを伴うもの（free-kick, DNA-altered, queen-sized など），そして2語に分かれるもの（car ferry, living room, traffic light, poached egg など）とがあります。

2つ以上の語が続いて複合名詞となる場合は普通，最初の要素に第1アクセントが，後の要素に第2アクセントが置かれ，たとえば fóotbàll のように発音されます。後の要素にアクセントがない場合もあります。

複合名詞には，fóotbàll のように foot（名詞）と ball（名詞）とが重なって一つの名詞になるものと，gréenhòuse のように，green（形容詞）と house（名詞）が合わさって独立した名詞を形成するものとがあります。普通，後の要素が一般的な意味を担い，最初の要素は，その意味を限定する働きをします。たとえば，shópkèeper, góalkèeper, líghthouse kèeper では，最初の要素である shop, goal, lighthouse が，意味上，後の要素の keeper を限定しています。

複合語（名詞＋名詞）	複合語（形容詞＋名詞）
bóok jàcket	bláckbìrd
fóotbàll	bláckbòard
shópkèeper	cóld crèam

téaspòon   dárkròom
týpewrìter   gréenhòuse
fóotball tèam   hót plàte
líghthouse kèeper

　文字で表記すると全く同じ 2 語からなる**複合名詞**（**compound noun**）と**句**（**phrase**）は，アクセントの位置の違いで発音上区別することができます。以下の例のように，複合名詞は第 1 要素に，句は第 2 要素に第 1 アクセントが置かれます。単語が 2 語連続した場合，その文法的なつながり方によって**アクセント・パターン**（**stress pattern**）が異なるのです。

　　a）the White House（ホワイトハウス）
　　b）the white house（白い家）

たとえば，a）と b）とでは white と house の文法的なつながり方が違うので，意味も異なります。a）のような「名詞（形容詞）＋名詞」から構成される複合名詞のときは，最初の語に第 1 アクセントが置かれます。これを**複合語アクセント**（**compound stress**）のパターンといいます。また，b）のような「修飾語＋名詞」の場合は，後の名詞にも第 1 アクセントが置かれ，**修飾語アクセント**（**modification stress**）をとります。後者のパターンの際には，第 1 要素がやや弱めのアクセントを持つことがあるため，the whìte hóuse のように発音されることもあります。

　　a）the Whíte Hòuse
　　b）the whìte hóuse

　同様に，c）のような「動名詞＋名詞」の組み合わせは複合語アクセント・パターン，d）のような「現在分詞＋名詞」の場合は修飾語アクセント・パターンをとります。

　　c）a dáncing gìrl（踊り子）≪動名詞＋名詞≫
　　d）a dàncing gírl（踊っている少女）≪現在分詞＋名詞≫

複合語アクセント・パターン	修飾語アクセント・パターン
bláckbìrd（つぐみ）	bláck bírd（黒い鳥）
bláckbòard（黒板）	bláck bóard（黒い板）
dáncing gìrl（踊り子）	dáncing gírl（踊っている少女）
dáncing tèacher（ダンスの教師）	dáncing téacher（踊っている先生）
dárkròom（暗室）	dárk róom（暗い部屋）
rácing hòrse（競争馬）	rácing hórse（疾走している馬）
sléeping bàg（寝袋）	sléeping báby（眠っている赤ん坊）
smóking ròom（喫煙室）	smóking róom（くすぶっている部屋）
Whíte Hòuse（ホワイトハウス）	whíte hóuse（白い家）
dínning càr（食堂車）	
frúitcàke（フルーツケーキ）	
héaring àid（補聴器）	
swímming còach（水泳のコーチ）	

4.2 イントネーション

4.2.1 ピッチとイントネーション

　人が話すのを聞いていると，声の高さが絶えず変化していることに気がつきます。このように聞き手が知覚する声の高低のことを**ピッチ**（**pitch**）といいます。その変化は主に次の2つの要素で決定されます。①声帯の緊張度：声帯を引き延ばし緊張させて発音すれば，それだけピッチが高くなります。②声帯下の圧力：肺からの呼気圧が高いほどピッチも高くなります。また，発音におけるピッチの高低は相対的なもので，個人差があります。一般的には，子どもは大人より，また，女性の方が男性よりピッチは高くなります。

　ピッチは，どちらかといえば聞き手側の主観的な尺度として表されますが，物理的には，声帯の1秒あたりの振動数（Hz）として客観的に測定す

ることができます。Denes and Pinson（1993）によれば，普通の会話で用いられる声帯の振動数の範囲は，おおよそ 60 〜 350Hz で，音域としては 2 オクターブ[3] 以上にわたり，会話時の声帯の振動数の正常域は約 1.5 オクターブに及ぶといわれています。また，ニュース英語のような客観的な内容の文を読み上げた音声の場合には，音域は若干狭くなり，大人の男性が事実文を読み上げた場合の基本周波数の幅は 1 オクターブで，平均 80Hz から 160Hz だといわれています（Lehiste, 1970）。

　前述したように人が英語を話す際，ずっと同じピッチを使うのはまれで，声の高さは普通，常に変化していると考えられます。一つの単語内でもピッチは変化します。たとえば yes を下降調（↘）で言うと，きっぱりとした肯定の意味になり，人に呼びかけられて「はい，何でしょうか？」というときには，上昇調で yes（↗）と発音します。このようなピッチ変化のことを**音調（tone）**といいます。

　標準中国語（Mandarin Chinese）では，同じ単音節の語でも音調の変化で意味が変わってきます。たとえば，ma（→）とピッチを高くしてフラットに発音すると「母」の意味になります。また，ma（↗）と上昇調に言うと「麻」の意味に，ma（↘）と下降調にすると「叱る」の意味，（↓↑）のように下降上昇調で言うと「馬」という意味になります。このように，音節レベルでの音調の変化が，意味の変化をもたらす言語のことを**音調言語（tone language）**といいます。東南アジアでは，タイ語やベトナム語なども音調言語に分類されています。英語は音調言語ではありませんが，前述の yes の例のように，音調の変化によって意味が変わる現象が見られます。

　英語では，センテンスのような音節より大きな単位でのピッチ変化が意味の違いを生み出すことがあります。たとえば，"I beg your pardon."（↘）のように文末を下降調で言えば「謝罪」の意味になり，"I beg your pardon?"（↗）と上昇調で発音すると，相手の言ったことがわからなかったので「聞き返す」ことができます。語，句，節，センテンス，談話など音節より大きな単位，すなわち，**連続した話しことば（connected speech）**における音の高低変動をイントネーション（**intonation**）といいます。英語では，音節よ

り大きな単位でのピッチの変化が意味の変化につながるので**イントネーション言語**（**intonation language**）と呼ばれることがあります。

　声の高さには個人差があり，人によってピッチの高さは異なるものの，普段はその人に固有の**ピッチ幅**（**pitch range**）の範囲の中でコントロールしながら話をしています。もともと声の高い人は高いピッチの範囲を使い，低い人は比較的低いピッチ幅の中で音の高さが変化します。さらに同じ人でも，話している話題や相手，場面などに応じて使われるピッチは相対的に変化します。普段はその人固有のピッチ幅の中でも比較的低いピッチ域を使って話をしますが，たとえば，興奮してテンションが高くなったり，母親が赤ん坊に親しく話しかけたりするときには相対的に高いピッチを使います。驚き，喜びなどの強い感情が入ると，使用されるピッチ域が広くなることが多く，気分が落ち込むと普通，相対的に低いピッチの声になります。後ほど詳しく説明しますが，このようにイントネーションは話者の心的態度や意図を表すのに使われます。

4.2.2　イントネーションの表記法

　イントネーションの動きを目に見える形で表現するために様々な表記法が使われます。

1. ピッチの相対的な高さを 4 段階の数字で示す方法

　数字は大きい程，高い音を示します。数字の "2" は，話し手が普通に話したときに声の高さを表し，音調核のある強音節や疑問文は文末も "3" になることが多く，平叙文の文末は "1" で終わります。また，"4" は驚きや感嘆，強調など特別な意味を表すときに使う最も高い音を示します。たとえば，次の "I'm sorry to hear that." では，最初，話し手の普通の高さから始まり，hear でピッチが上昇して "3" の高さになった後，文末の that は "1" のピッチで終わります。

2 －　　　　3 － 1
　I'm **sor**ry to **hear** that.

　実際の発音を音響分析すると図 4-7 の様になります。出だしは，話し手の普通の声の高さである 110 〜 130Hz で推移して，sorry でピッチがやや高くなり，音調核の強音節 hear でさらにピッチが高くなっているのがわかります。その後ピッチは次第に低くなっていきます。

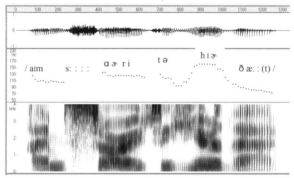

　図 4-7 "I'm sorry to hear that." の音声波形（上図），イントネーション（中図），スペクトログラム（下図）

　疑問文の "Do you want to play ping-pong?" の場合は，出だしは普通の高さの "2" で，その高さが ping まで続きます。文末の音調核 pong では "3" へとピッチが上昇します。

　　　2 －　　　　　　　3
　Do you **want** to **play** ping-**pong**?

第4章　プロソディ

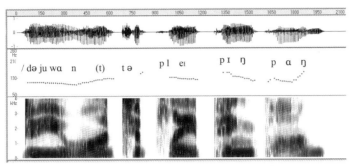

図 4-8 "Do you want to play ping-pong?" の音声波形（上図），イントネーション（中図），スペクトログラム（下図）

図 4-8 は "Do you want to play ping-pong?" の音声波形，イントネーション，スペクトログラムを表しています。数字によるイントネーション表示では，文頭から音調核の "pong" まで 2 という同じ高さが続いているようになっています。しかし，実際には途中で多少ピッチが変化していることが図 4-8 からわかります。

2. 線でイントネーションの動きを示す方法

文アクセントのある音節は太い線で表します。

I'm **sorry** to **hear** that.

Do you **want** to **play** ping- **pong**?

上記のイントネーション表記では，音調核の直前でピッチが急に上昇しているように見えます。しかし，図 4-7，図 4-8 から明らかなように，実際の発話ではイントネーションは語や音節の切れ目で急に上がったり下がったりすることはありません。

下記のように，音調群にイントネーション曲線（**intonation countour**）をかぶせるよう方法もあります（Celce-Murcia et al., 2010）。音調核の音節は大

文字で，その他の強音節は小さめの大文字で表します。

~~I'm sorry~~ to HEAR ~~that~~.

~~Do you WANT to PLAY~~ ping-PONG?

3. **黒丸の大きさでアクセントの大小を表し，その上下の位置でピッチの高さを示す方法**

音調核には黒丸に線を付けてピッチ変化を表します。この例では，hear でピッチが下降していることが示されています。

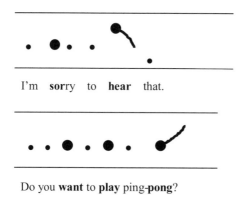

I'm sorry to **hear** that.

Do you **want** to **play** ping-**pong**?

4. **文字の上下の位置で，ピッチの高低を示す方法**

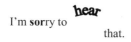

I'm **sorry** to that.

Do you **want** to **play** ping- pong?

5. **ピッチ変化のある音節の前に音調変化を示す記号を置く方法**

（＼）の記号は，その直後の音調が下降調であることを，（／）は上昇調であ

ることを示しています。また，(')はその直後の音節が強音節であることを表します。強音節でもピッチが低い音節の場合は(,)の印をつけます。さらに，強音節には下線を入れます。この表記法の場合は普通，書きことばに使うカンマ，ピリオド，クエスチョンマークなどは使用しません。

I'm 'sorry to \hear that
Do you ,want to ,play ping-/pong

この表記法の場合，視覚上わかりやすくするために，文字の上部に下のような図を補助的に付け加えることがあります。ピッチ域の上限，下限を示す2本の線の中に，各音節を線で表します。ピッチの高さを上下位置で，また音節の長さを線の長さで表現します。

Do you ,want to ,play ping-/pong

1., 2.の表記法は，ピッチレベルに明確な段階を設けようとする考え方にもとづいた方法で，主にアメリカで発達した音声学の流れをくんでいます（Pike, 1945; Trager & Smith, 1951）。それに対して3.～5.の表記法では，ピッチの高さを厳密に分けるのではなく，むしろ相対的な高さに焦点が当てられています。この表記法は主としてイギリスの学派（Halliday, 1967; O'Connor & Arnold, 1973; Roach, 2009）で用いられます。

4.2.3　音調群

書きことばでは，カンマ（,）が句や節の区切りを示し，ピリオド（.）やクエスチョンマーク（?）がセンテンスの終わりを表しますが，連続した話しことばでは，発話の切れ目がはっきりとしないことがあります。特に，速い速度で話された場合は，ポーズによる切れ目が少なくなり，発話の区切りがつきにくくなります。話しことばでは，イントネーションに焦点を当て

て，**音調群**（**tone unit**）という単位で発話を区切ります。この単位の中心を担うのがピッチ変化を伴う音節です。たとえば "I'm sorry to hear that." の場合 hear にはアクセントが置かれ，しかもピッチも変化しているため，他の語の音節より際立って聞こえます。音調群の中でピッチ変化を伴い，最も際立って聞こえる音節のことを**音調核**（**nucleus**）と呼びます。ある音節が別の音節より際立って聞こえることを**卓立**，あるいは**プロミネンス**（**prominence**）といいます。したがって，音調核にはプロミネンスがあります。音調群は，必ず一つの音調核を含む発話の単位です。

　音調群をさらに詳しく見ることにしましょう。"I'm sorry to hear that." では，sorry の最初の音節と hear は強音節です。最初の強音節から音調核の前までを**頭部**（**head**）と呼びます。したがって，sorry to が頭部です。頭部に先行する弱音節，すなわち I'm は**前頭部**（**pre-head**）と呼ばれています。音調核より後は**尾部**（**tail**）といいます。音調核は一つでも，一つの音調群を構成することがあります。たとえば，"↘Yes" と，肯定の意味で単独で用いられると，この 1 音節が音調核になり，これで一つの音調群を構成します。音調群には必ず音調核が含まれますが，その他の要素は含まれないことがあります。（ ）で要素の随意性を示すと，音調群は（pre-head）（head）nucleus（tail）のように構成されることになります。音調群の構成要素をまとめると図 4-9 のようになります。

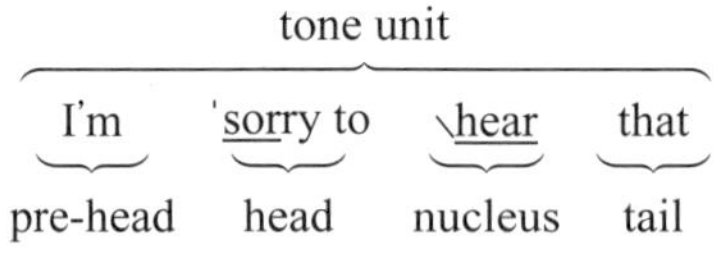

```
              tone unit
    ┌─────────────────────────┐
     I'm   'sorry to  ↘hear   that
     ‿‿    ‿‿‿‿‿‿     ‿‿‿‿    ‿‿‿‿
   pre-head   head   nucleus   tail
```

図 4-9　音調群（tone unit の構造）

　このように話しことばは，ピッチの動きに注目して音調群というひとまとめの単位に区切ることができますが，この発話の単位は，独自のイントネーション曲線を持つことから**イントネーション・グループ**（**intonation group**），**イントネーション・ユニット**（**intonation unit**），**イントネーション句**（**intonation phrase: IP**）などと呼ばれています。音調群は，文法的

にも意味的にも一つの区切りとなるので**センス・グループ**（**sense group, thought group**），あるいは簡潔に**チャンク**（**chunk**）と呼ばれることもあります。

音調群の切れ目は，ポーズがある場合は（∥）で，ポーズのない場合は（|）で示します。話す速度や，意味の強調の仕方などによって音調群の切れ目は変わってきます。たとえば "Yes, you can." は ∥ Yes you can（↘）∥ のように，一つの音調群として発音できますが，意味を強めたい場合は，∥ Yes（↘）∥ you（↘）∥ can（↘）∥ のように，一語ずつ区切りながら 3 つの音調群として発音することもできます。また本書では，音調核の直後に，（↘）（↗）のように矢印の向きでピッチ変化を示す記号を使うことにします。

4.2.4 イントネーションの種類

英語には次の 5 種類の音調，すなわちイントネーション変化のパターンがあります。それぞれには固有の意味やニュアンスがありますが，これらの音調は使用される文脈や個人によっても微妙に変化することもあります。以下では，5 種類の音調が持つ一般的な意味を説明します。

A. 下降調（falling tone）

基本的には下降調は，話が「完結」した印象を与えますので，平叙文の語尾は下降調です。また，命令文，疑問詞の how や what, when, which, who で始まる Wh- 疑問文，感嘆文，祈願文も通常，下降調をとります。Wh- 疑問文は上昇調になることもあります。

    1. He was born in China.（↘）〈断定〉
    2. Where was he born?（↘）〈Wh- 疑問文〉
    3. Bring me a glass of water.（↘）〈命令〉
    4. How interesting this story is!（↘）〈感嘆〉
    5. How happy I am!（↘）〈感嘆〉
    6. God bless you!（↘）〈祈願〉

B. 上昇調（rising tone）

　一般疑問文（yes-no 疑問文），平叙文の形をした疑問文，文末の呼びかけ語などは普通，上昇調です。また，2. のような平叙文の形をした疑問文は，イギリス英語よりアメリカ英語の方に比較的よく見られます（Roach, 2009, p. 155）。1. の yes-no 疑問文は，「新しい仕事は好きなのですね」というように，話し手が yes の答えを予測するときには下降調になることもあります。イギリス英語では，yes-no 疑問文も下降調になることがよくあります。

　　　1. Do you like your new job?（↗）〈yes-no 疑問文〉
　　　2. You are from London?（↗）〈平叙文の形をした疑問文〉
　　　3. What are you reading, Bob?（↗）〈文末の呼びかけ語〉

　よく聞き取れなくて聞き直すときには上昇調になります。他に，相手を励ます激励のことばや，別れのことばなどは，下降調より上昇調の方が親しさを増します。

　　　1. What did you say?（↗）　　Sorry（↗）〈聞き直し〉
　　　2. Don't worry.（↗）　　Take it easy.（↗）　　It won't hurt.（↗）〈激励〉
　　　3. Good-by.（↗）　　See you again.（↗）〈親近感を持った別れのことば〉

　上昇調は，話が終わっていなくてまだ続くことを示します。次の例では，B は A から依頼された内容を具体的に聞きたいので，話の「継続を促す」ために上昇調を使っています。

　　　A: Will you do me a favor.（↗）
　　　B: Yes.（↗）〈話の継続〉

　"No" も上昇調で言えば，さらに会話の「継続」を促すことができます。次の会話例では，B は A からの話の継続を期待していることになります。

第 4 章　プロソディ

　　A: Do you know how long it will take to go to York from London by train?（↗）
　　B: No.（↗）〈話の継続〉

　他にも，ものを並列的に「列挙」するときには，最後の項目以外は上昇調になります。最後の項目は，「完結」を表すために下降調を用います。

　　In the grocery store I have to buy some bananas（↗）apples（↗）
　　cucumbers（↗）and pears.（↘）〈最後の項目以外は上昇調〉

C. 平板調（level tone）

　ピッチが同じ高さで持続するのが平板調で，well などのような単音節の発話でよく見られます。会話している途中，答えに戸惑ったり躊躇したりするときなどに現れる音調です。断定を避け，あいまいで中途半端な印象を与えます。

　　A: Are you free next Sunday?
　　B: Well,（→）actually, I have lots of assignment to finish.〈戸惑い〉

D. 下降上昇調（fall-rise tone）

　ピッチがいったん下がってから再度，上昇する音調で，会話では比較的頻繁に用いられます。部分的には賛成するが，多少「疑いの気持ち」を含む場合に使われます。

　　A: There will be a test tomorrow.
　　B: Really?（↘↗）There was one only yesterday.〈疑い〉

　また，「不確実さ」や「自信のなさ」を表すこともできます。

　　A: Does this bus go to Lester Square?

B: Perhaps.（↷）〈自信のなさ〉

　相手にとって既知情報であると判断されるときには，下降上昇調，または上昇調の音調核が使われます。「大学に行く」というのは，A には既知情報ですので，IP（intonation phrase）の切れ目の前の "uni**ver**sity" の強音節は下降上昇調，または上昇調になります。

　　　A: Shall we go to the university?
　　　B: Yes, after we go to the university（↷）we can go to the library.（↘）
　　　　　　　〈既知情報〉

E. 上昇下降調（rise-fall tone）

　ピッチはいったん上がりますが，後で下がる音調で，話し手の「強い感情」を表します。感動したり，驚いたりするときに現れます。

　　　A: Kathy has passed the tough exam.
　　　B: Really?（↶）She must have studied very hard!
　　　　　　　〈驚き〉

4.2.5　イントネーションの役割

　イントネーションの役割には，大きく分けて次の 3 種類が考えられます。

1）文法的な区切り（句，節，文）を示す

　以下の例ように句，節，文のような文法的な区切りや，疑問文と陳述文との区別を示すシグナルとしてイントネーションが用いられます。たとえば，句や節の後，平叙文の文末は下降調です。また，すでに見たように yes-no 疑問文の文末は普通，上昇調です。

　　　It **turns** out（↘）American pilots are in **huge** demand（↘）in **China**.（↘）

第 4 章　プロソディ

2) 重要な語に焦点を当てる

"I'm **sorry** to **hear** that." では，sor- と hear の 2 カ所に文アクセントがありますが，すでに図 4-7 で見たように，hear で音が高くなるというピッチ変化が見られます。これが音調核です。聞き手にとって重要な新しい情報，すなわち**新情報**（**new information**）と思われる単語の音節が，音調群の中で最も目立って聞こえることになります。次の例では，強音節は太字で，さらに音調核には下線を付けています。

   A: **What** is your **<u>name</u>**?（↘）
   B: My **name** is **<u>Bond</u>**.（↘）　**<u>James</u> Bond**.（↘）

相手の名前を聞きたい A は，name に音調核を置きます。それに対して B は，A にとっては新情報と思われる Bond に音調核を置いて応え，さらに新情報のファーストネーム James が追加されていますので，ここに音調核があります。この際，2 回目の Bond はすでに A にとっては既知の情報，すなわち**旧情報**（**old information**）になっていますので，アクセントは 1 回目のときより弱くなります。

　特に，意味を強調する場合や新情報が含まれないとき，すなわち中立的な意味の場合には，普通，音調群中の最後の内容語に音調核が置かれます。そこが音調核の**デフォルト**（**default**），すなわち一般的な位置といえます。この位置は**無標の**（**unmarked**）位置ともいいます。

   She was **drink**ing **white <u>wine</u>**.（↘）

上記の例では，音調群の最後の内容語 wine に音調核があり，この位置が一般的な位置です。しかし，以下の会話例では「赤ワインではなく白ワイン」というように情報の焦点が white にあてられますので，ここに音調核が来ます。

  A: Was she **drink**ing **red wine**? (↗)
  B: **No**, (↘) She was drinking **white** wine. (↘)

 次の例で，A は car に音調核を置いて B の意向を尋ねています。B は「そんな余裕がない」という新情報を伝えるために afford に音調核が置かれています。buy と car は旧情報ですのでアクセントは置かれていません。このように話し手は，発話の中で重要な語を選び，その強音節のピッチを変化させることで，自分の伝えたい情報に焦点を置きます。

  A: Shall we **buy** a **car**? (↗)
  B: **No**, (↘) we **can't** af**ford** to buy a car. (↘)

 普通は機能語にはアクセントはありませんが，特に意味を強めたいときには強く発音されて音調核が置かれます。A ではデフォルトの位置である IP の最後の内容語 milk に音調核があります。「ミルクなし」という情報に焦点が置かれていますので B では，機能語の with**out** が音調核になります。このように，意味を強調するためのアクセントのことを**対照アクセント**（**contrastive stress**）といいます。

  A: Do you **like** your **tea** with **milk**? (↗)
  B: No, with**out** milk, **please**. (↘)

 意味を強調するときにも音調核は移動します。音調核の位置に関して 1. は無標ですが，2. では「特に」と意味が強調されています。これを**強調アクセント**（**emphatic stress**）といいます。

  1. His **lec**ture was **very in**teresting. (↘)
  2. His **lec**ture was **ver**y **in**teresting. (↘)

次の 1. と 2. は全く同じ文ですが，音調核の位置と音調群の切れ目の違いで意味が異なってきます。関係代名詞の制限用法の 1. では，「調子が悪いコンピュータは一部」であることを意味し，非制限用法の 2. では，「すべてのコンピュータの調子が悪い」ことになります。

  1. The com**put**ers which are **not work**ing **prop**erly （↗）‖ must be re**placed**．（↘）
  2. The com**put**ers,（↗）‖ which are **not work**ing **prop**erly,（↗）‖ must be re**placed**．（↘）

以上，音調核の置かれる位置に関しては一般的な例で示してきました。しかし，どの音節に音調核が置かれるかは，文脈などによって微妙に影響されることがありますので，「必ずここに来る」と断定は難しいため，Roach（2009, p. 157）は音調核の位置を「未解決の神秘」（unsolved mystery）と表現しています。

3）話者の意図や感情などを表す

 イントネーションは文法情報を担っているだけでなく，話し手の意図や感情などの心的態度を表す機能（**attitudinal function**）を持っています。このことを心得ておかないとコミュニケーションに思わぬ障害をきたすことがあります。また，イントネーションは，その微妙な変化によって話し手の心的態度や意図を伝えるので，きわめて多様性に富みます。以下では同じセンテンスでもイントネーションの違いで意味が変化する例をまとめています。
A）平叙文も音調が異なると，様々な話者の気持ちが反映されることになります。

  A: How was your dinner?
  B1: It was de**li**cious．（↘）
  B2: It was de**li**cious．（↷）
  B3: It was de**li**cious．（↘）
  B4: It was de**li**cious．（↗）

上記の対話において，*B1* のように delicious の第 2 音節を高いピッチにして下降調で言うと「おいしかった」という文字通りの意味になります。さらに，*B2* のように強調して上昇下降調を使うと，話者の「強い感情」を表すことができ，「ほんとうにおいしかった」となります。*B3* のように下降調でも delicious の第 2 音節のピッチが低ければ「おいしかった」という気持ちはあまり伝わりません。さらに *B4* のように低い上昇調で発音すると，「おいしかったけれど…」という含みを持った意味（たとえば「料理が冷めていた」など）になります。間違ったイントネーションを使うと「ぶっきらぼう」に聞こえることがあるといいます（Celce-Murcia et al., 2010, p. 163）。*B4* のような低い上昇調のイントネーションは普通，「無関心」「退屈」の感情を表しますので，文字通りの意味が伝わりにくくなり，「ぶっきらぼう」に聞こえてしまうことがあるのです。

B）平叙文も上昇調で言えば疑問文と同じ意味になります。

　　1. He was born in China.（↘）〈断定〉
　　2. He was born in China.（↗）〈質問〉

C）相手に同意を期待した付加疑問文は文末が下降調で，自分が言っている内容に自信がなく相手に情報を求めるときには上昇調です。

　　1. She's going, isn't she?（↘）〈肯定の答えを予期〉
　　2. She's going, isn't she?（↗）〈相手に情報を求める〉

D）過失や失礼を詫びるときには，文末は下降調になります。上昇調にすると，相手に対する反応を求める気持ちが含まれるので，聞き直し，相手に対する依頼，呼びかけなどのときに用いられます。上昇調は相手の言ったことが聞き取れなくて「もう一度おっしゃってください」の意味になります。

1. I beg your pardon.（↘）〈謝罪〉
　　2. I beg your pardon?（↗）〈聞き直し〉[4]

E）命令文も please をつけることによって依頼の意味になります．上昇調にすると，より丁寧になります．

　　1. Read it aloud, please.（↘）〈依頼〉
　　2. Read it aloud, please.（↗）〈より丁寧な依頼〉

F）yes-no 疑問文で下降調を用いると，次の 1. の例では懐疑的に聞こえます．

　　1. Do you really think so?（↘）〈懐疑的〉
　　2. Do you really think so?（↗）〈質問〉

G）普通は下降調が用いられる Wh- 疑問文でも，上昇調になると話し手の興味，関心，親しみの気持ちを表します．やや低い上昇調を使うと親近感を持った尋ね方になり，女性の方が男性より好んで使う傾向があります．

　　1. What's your name?（↘）〈事務的な問いかけ〉
　　2. What's your name?（↗）〈親近感を持った問いかけ〉

H）聞き手に yes-no の答えを期待する一般疑問文では，文末は上昇調になりますが，what, why, where, when, who, how の疑問詞で始まる疑問文（Wh- 疑問文）では普通，下降調が使われます．日本語では「どうやったらそこに行けるの？（↗）」というように，上昇調で話すのが一般的なので，その影響で英語でも "How can I get there?（↗）" と，日本人英語学習者は上昇調を使いがちです．英語では Wh- 疑問文を上昇調で用いると「どうやったらそこに行けるの？（お尋ねしてもいいかしら）」という相手への配慮・遠慮の気持ちを表すことになります．相手に「疑問詞の部分」に答えてもら

いたいという，話し手の意志を表すには下降調の方が一般的です。

 1) How can I get there?（↘）〈一般的な問いかけ〉
 2) How can I get there?（↗）〈相手への配慮・遠慮の気持ち〉

I）選択肢が or でつながる列挙文では，音調群の区切り方とイントネーションの違いで意味が異なってきます。1. の例のように，一つ目の選択肢 tea の前に音調群の切れ目を置いて上昇調で発音し，二つ目の選択肢 coffee は下降調で言うと「紅茶それともコーヒーはいかがですか」という意味になり，どちらかを選んでもらいたいという話し手の意図を表すことになります。また，2. の例のようにセンテンス全体を一つの音調群として発音して，文末を上昇調で言うと「紅茶やコーヒーのような飲み物はいかがですか」という意味になり，相手に yes-no の答えを期待することになります。

 1. A: Would you like tea |（↗）or coffee?（↘）〈選択肢は 2 つ〉
  B: I'd like tea, please.
 2. A: Would you like tea or coffee?（↗）〈列挙文，yes-no の答えを期待〉
  B: Oh, yes. Thank you.

　以上の例からわかるように，イントネーションには，話し手の気持ちを反映する働きがあります。イントネーションを変えることによって，ことばの持つ「文字通り」の意味をコントロールすることができます。したがって場面に適したイントネーションを使うことができれば，話し手の伝えたい情報が，聞き手に伝達されやすくなります。逆に言えば，文字通りの意味が理解できても，そのとき使われたイントネーションの持つ意味を理解できなければ，話し手の意図が聞き手に伝わらずに誤解を生じることさえあるのです。このようにイントネーションはコミュニケーションにおいて重要な役割を果たしています。

4.3　発話速度とポーズ

4.3.1　音の長さ

　個々の子音や母音が持つ音の長さは，それぞれその音の置かれた前後環境に左右されます。たとえば，同じ /s/ でも単独の場合と，他の子音が続く場合とでその長さが異なってきます。図 4-10 と図 4-11 はぞれぞれ "say" "stay" の音声波形とスペクトログラムを表しています。/s/ が単独の場合の方が /t/ など他の子音が続くときより /s/ は長く発音されるのがわかります。

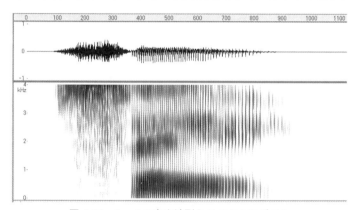

図 4-10　"say" の音声波形とスペクトログラム

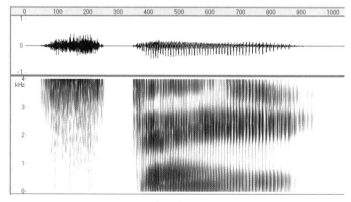

図 4-11　"stay" の音声波形とスペクトログラム

その他に，文末にポーズがあるとその最後の語は**文末焦点**（**end focus**）といって強めに発音されることが多いので，文末の語尾の子音や母音は比較的長い目に発音されることがあります。ポーズの前に来る音が引き延ばされることから**ポーズ前の長音化**（**pre-pausal lengthening**）とも呼ばれます。さらに，詳しくは5章で見ますが，母音の長さは後続の子音が有声音か無声音かによって変化します。有声音が続く方が，その前の母音は長く発音されます。

4.3.2 ポーズ

/p, t, k/ のような無声破裂音は呼気の「ホールド」の時間がありますので，その間は無音の状態のポーズが生じます。これは調音上の理由で自然と起こるものです。

ポーズはその形態上，Unfilled Pause（UP）と Filled Pause（FP）の2種類に大別されます。UP というのはスピーチにおける無音状態（silence）を表すのに対して，FP は英語で uh, ah, er など，日本語では「えー，あー」などの**フィラー**（**filler**）を意味します。この2種類のポーズを発生頻度で比較すると，英語の**自発的な話しことば**（**spontaneous speech**）における躊躇現象の中で一番多いのが UP で，75.8％，それに続いて FP が 10.1％というデータが報告されています（Yamane 1978）。

さらにポーズを機能的な観点から分類すると，無音状態のポーズには，文法的な切れ目に起こる**連接のポーズ**（**juncture pause**）（句，節，文の切れ目を示すためのポーズ）と，非文法的な切れ目に現れることの多い**躊躇のポーズ**（**hesitation pause**）とがあります。躊躇のポーズも文法的な区切りに来ることもあるため，両者は区別しにくいのですが，一般的に前者の方が時間的な幅は長いといわれています。連接のポーズは，文法的な切れ目にあって聞き手の理解を助けるという役割を果たすのに対して，躊躇のポーズは，話し手が発話内容を考えたり，長期記憶に蓄積されている**メンタルレキシコン**（**mental lexicon**）から適切な語彙を選択したりするため，UP や "ah," "I mean," "well," "and," "I mean to say," "as you know," "Do you know what I mean?"

などのフィラーが必要になってきます（Field, 2005, p. 35）。生理的な現象の息継ぎは連接のポーズ，躊躇のポーズのいずれのときにも起こります。

　Duez（1982, p. 12）によれば，自発的な話しことばの場合，UP の 70％が句・節を含む文法的な切れ目に起こり，時間的長さ（duration）も連接のポーズの方が躊躇のポーズより長いことがわかっています。これらの事実から，人が発話する場合，単語を一つずつ想起しながら話すのではなく，語より大きな句や節が発話の planning 単位であるということが指摘されています（Field, 2005；Foss and Hakes, 1978；Kadota, 1986）。

　Misono and Kiritani（1994）がいうように，ポーズは他のプロソディに関わる要因を伴って，発話の区切りを知る鍵となり，統語上，意味上，談話上の区切りや単位に関する情報を提供しています。

　研究者によって躊躇のポーズの基準はまちまちですが，0.2 秒以上のポーズを躊躇のポーズとみなす研究者が多いといえます（Boomer, 1965; Mercer, 1976）。会話の英語では，概してこれらの無音状態が全体の発話に占める割合は比較的大きいことがわかっています。山根（2001）では 3 人のアメリカ人の会話を録音して，それぞれ A：1622 語，B：1310 語，C：1168 語からなる発話を調査していますが，全発話時間に占める無音状態の長さは，A：25.3％，B：18.4％，C：31.8％でした。また，ポーズ 1 つあたりの平均の長さはそれぞれ A：894ms，B：808ms，C：663ms でした。このように，話しことばでは，ポーズの長さは比較的短く，平均すると 1 秒未満ですが，Mori, Higgins, and Kiritani（2005）はポーズの長さは会話の状況にも左右されるとし（1）会話の参加者の人数，（2）参加者の人間関係，（3）話題の複雑さ，そして（4）個人の話し方の特徴によって変わるとしています。ポーズの長さは様々な要因で変化することがうかがえます。

　福盛（2010, pp. 64-65）では，日本のアナウンサーがニュースを読む際，どの程度ポーズ（UP）を使っているかを調べています。プロンプターに表示されたニュース原稿を読み上げるニュース英語の場合は，FP は原則的に必要ありません。福盛（2010）が NHK のアナウンサーを 2 名，民放のアナウンサーを 7 名調べたところ，日本人アナウンサーが読み上げたニュースの

中で，ポーズの占める割合は，各アナウンサーで異なり，15.7％から24.6％
で，平均すると約20％であったと報告しています。1分あたりで約12秒は
何も言っていない時間があるといいます。

　さて，米国ABC放送のアンカーパーソンは，ニュースを読む際，どの程
度ポーズを使っているのでしょうか。Yamane and Yamane（2017）では米国
ABC放送の15種類のニュースが紹介されています。それぞれのニュースの
冒頭部分でアンカーパーソンは，ニュースの概要を述べます。山根（2017）
は，そのニュース概要を紹介する箇所の発話時間とポーズ時間を*Praat*で測
定して，アンカーパーソン3名のポーズの割合をまとめました。米国ABC
放送のアンカーパーソンの場合，ポーズの占める割合はアンカーパーソンで
異なり，9.8％から13.0％で，平均すると約11.2％であることが報告されて
います。福盛（2010）の日本のアナウンサーと比較すると，人数は3名と限
定的ですが，米国ABC放送のアンカーパーソンの方がポーズの割合が少な
いことが示されました。

Filled Pause（FP）

　FPのuhは，そのときの発音のされ方によって，uh, em, er等，いろい
ろに表記することができますが，これらは間投詞のah, oh等とは違って，
話者の感情的な状態を伝えません。発音の上では躊躇のuhは，あいまい母
音/ə/で発音されることが多いのです。Ragsdale（1976）がいうように，躊
躇のuhは話し手がまだ話の途中で，思考中であるから話に割り込まれたく
ないことを，聞き手に伝えるための手段のひとつです。uhの直前の語を調
べた結果では，話者は機能語とuhを連続させて発音し，「時間かせぎ」をし
ている場合が多いことがわかりました（Yamane 1978）。以下はその例です。

　　　J: He *was **uh*** radical *at **uh*** U.B.C. when I *was **uh*** at the University there.
　　　A: *And **uh*** the classes of second or third years were more rewarding.

　この他に，that uh, I uh, but uh, the uh など「機能語+uh」がよく現れて

いるパターンです（Yamane 1978）。また，O'Connell and Kowal（2005）はテレビやラジオインタビュー番組における Hillary Clinton, Larry King, Barbara Walters らの発話中の uh と um の発生場所と，それらの長さ（duration）を *Praat* で調査しました。それによると，uh と um の長さはそれぞれ平均 0.47 秒と 0.29 秒という結果で，アメリカ人母語話者の FP は比較的短いことがわかります。

4.3.3　発話速度

　プロソディの要素のひとつに人の話す速さ，すなわち**発話速度（speech rate）**があります。発話速度を算出する際は，測定する話しことばの中に含まれる UP と FP も含んで計算されます。たとえば，ある人が一分間に 150 語を発話した場合，その一分間に UP や FP の長さを含めて計算します。もう一つの測定方法は，測定する話しことばから UP や FP の長さを除外して測る方法です。この方法で算出した話す速さのことを**調音速度（articulation rate）**といいます。調音速度の測定にはポーズを含みませんので，一般的に調音速度の方が発話速度より速くなります。

　話す速さの測り方は，1 分間に何語話されたかを基準にする方法と，1 秒間に何音節発話されたかを基準にする方法があります。後者の場合の方が，より精密に発話速度を計測することができます。一般イギリス英語（General British）では，会話の平均的な発話速度は毎秒約 4 音節ぐらいです（Cruttenden, 2014, p. 54）。

4.3.4　話者の感情とことば

　私たちは人と対話をしている際，無意識に，あるいは意図的に相手に対して，ことばを使わずとも**非言語的（non-verbal）**手段によって自分の感情を伝えています。顔の表情やしぐさなどのジェスチャーによっても自分の心的態度を相手に伝達することができます。さらに，ポーズの頻度，声の音質（voice quality）などを変化させることで，ことば自体にも自分の気持ちを乗せることができます。相手に何かを気づかそうとしてわざと咳払いをした

り，子どもを静かにさせるために /ʃːː/ と言うのも，相手に自分の意図を伝える言語以外の手段になります。このような言語音の周辺的な要素のことを**パラ言語特性**（**paralinguistic feature**）といいます。

たとえば，次のセンテンスを「喜び」と「興奮」の気持ちを込めて発音すると普通，発話速度は速く，センテンス間のポーズも短く，ピッチ幅，声の全体的な大きさも大きくなります。

I made it! I passed the exam!

「退屈」すると，発話速度を遅くなりピッチ幅，声の全体的な大きさも小さくなります。

I'd like to leave the room. The professor's lecture is so boring.

一般的に「怒り」の感情は，大きな声とピッチ幅で表現されます。

How many times do I have say this. Clean your room!!

注
1）この3要素以外に，アクセントの置かれた母音の持つ音質もプロミネンスに影響します。詳しくは第5章を参照してください。
2）テキスト読み上げ（Text-To-Speech）システムのこと。人の声をベースに音声を合成することができます。本書では，英語の文章を読み上げるソフトウエアの*GlobalvoiceEnglish3*（HOYA）を使用しました。
3）1オクターブは，二つの音の振動周波数の比率が1対2の音程のことです。ある音より2オクターブ高い音は，周波数が4倍になります。
4）イギリス英語では "I beg your pardon?（↗）" より "Sorry?（↗）" をよく使います。

4.4　第4章のまとめ

☐ 聞き手が知覚する声の高低のことをピッチ（pitch）といいます。
☐ 普通の会話で用いられる人の声帯の振動数の範囲は約60〜350Hzです。
☐ 語，句，節，センテンス，談話などのように，音節より大きな単位における声の高低変動をイントネーション（intonation）といいます。
☐ イントネーションの動きを目に見える形で表現するために様々な表記法が使われます。

□音調群は，必ず一つの音調核を含む発話の単位です。
□音調群の切れ目には，ポーズを伴う場合と伴わない場合があります。
□音調群は普通，句，節，センテンスのような文法的な区切りと一致します。
□一つの音節や語だけで，一つの音調群を構成することもあります。
□英語には5種類の音調，すなわちピッチ変化のパターンがあります。
□下降調は，話が「完結」した印象を与えます。
□上昇調は，話が終わっていなくて，まだ続くことを示します。
□平板調は断定を避け，あいまいで中途半端な印象を与えます。
□下降上昇調は「疑いの気持ち」を含む場合に使われます。
□上昇下降調は話し手の「強い感情」を表します。
□イントネーションは文法的な区切り（句，節，文）を示します。
□音調核を置くことによって重要な語に焦点を当てることができます。
□中立的な意味の場合には，普通，音調群中の最後の内容語に音調核が置かれます。
□イントネーションは話者の意図や感情などを表します。
□母音の長さは，後続の子音が有声音か無声音かによって変化します。有声音が続く方が，その前の母音は長く発音されます。
□発話速度，声の全体的な大きさ，ポーズの頻度，声の音質のようなことばの持つ周辺的な特性のことをパラ言語特性（paralinguistic feature）といいます。

復習課題

4-1 例にならって次の単語の第1アクセントを持つ音節には●を，それ以外の音節には•の記号を付けてください。

【例】 classic
●•

1. racket   2. guitar   3. Europe   4. tomato   5. exotic
6. internet   7. determine   8. manager   9. professional   10. memorable
11. scientific   12. uncomfortable

4-2 次の1.～4.の単語と同じアクセント・パターンをとる語を，それぞれ3つずつ考えてください。なお，第1アクセントを持つ音節には●を，それ以外の音節には•の記号が付けられています。

1. internet   2. determine   3. memorable   4. professional
   ●••   •●•   ●•••   •●••

4-3 次のセンテンス中の単語の中で，普通，アクセントのある音節に記号（´）を入れてください。

1. I understand exactly how you feel.
2. It took me a long time to finish the work.
3. It was too expensive for her to buy.
4. There's someone in my seat.
5. Where there's a will there's a way.
6. A friend in need is a friend indeed.
7. A hungry man is an angry man.
8. A rolling stone gathers no moss.
9. A bird in hand is worth two in the bush.
10. It's no use crying over spilt milk.
11. Necessity is the mother of invention.

12. Rome was not built in a day.
13. To err is human, to forgive divine.
14. Don't count your chickens before they are hatched.

4-4　次の各センテンスは，それぞれどの様な意味か答えてください。
1. My brother who is a **teach**er | moved to **Lon**don recently.
2. My **broth**er | who is a **teach**er | moved to **Lon**don recently.

4-5　次の単語のペアは，スペリングは同じでもアクセントの位置で品詞が異なります。発音してみましょう。
ímport（名詞）　ínsult（名詞）
impórt（動詞）　insúlt（動詞）

4-6　他にスペリングは同じでも，品詞の違いでアクセントの位置の異なる単語のペアを3つあげてください。

4-7　次の a, b はそれぞれどのような意味になりますか。
1. a. Stay away from smóking róom.
   b. Stay away from the smóking ròom
2. a. He built a new gréenhòuse
   b. He built a new gréen hóuse
3. a. Look at that dáncing gìrl
   b. Look at that dáncing gírl
4. a. She wrote it on the bláck bóard.
   b. She wrote it on the bláckbòard

4-8 次の語句を正しいアクセント・パターンで発音してください。

1. a bus stop
2. a birthday party
3. a dancing school
4. discourse analysis
5. a ghost story
6. a hot dog
7. ice cream
8. a reading room
9. a strange story
10. the White House

4-9 それぞれの単語を 5 種類の音調で発音してください。

下降調	上昇調	下降上昇調	上昇下降調	平板調
yes（↘）	yes（↗）	yes（↘↗）	yes（↗↘）	yes（→）
no（↘）	no（↗）	no（↘↗）	no（↗↘）	no（→）

4-10 次の "yes" を 3 種類の音調で発音し，それぞれの意味を考えてください。

A: Isn't this painting beautiful?
B1: Yes.（↘） / B2: Yes.（↗↘） / B2: Yes.（↘↗）

4-11 次の 2 種類の発音で，どのように意味は異なりますか。

1. Tom **said** | **that** actor is handsome.
2. **Tom** | said the **actor** | is **hand**some.

4-12 図 4-10 "say" と図 4-11 の "stay" の音声波形とスペクトログラムから，それぞれの /s/ 音のおおよその長さを測定してください。

第 5 章　母音の発音

```
◀ 本章の目的 ▶
1 ⇒ 母音の発音について学びます。
2 ⇒ 4 つの観点から母音を分類します。
3 ⇒ 日本人英語学習者の不得意な母音の発音について解説します。
4 ⇒ 母音の長さの変化について考えます。
```

5.1　母音の発音

　母音は基本的にはすべて声帯の振動を伴う有声音で，息が続く限り継続して発音することができる音です。母音は，ほとんどの音節にその中核として含まれ，音節の中で音の強さのピークを構成しています。また，母音は肺からの呼気が気道内を通過する際，その流れがほとんど阻害されない共鳴音です。それに対して子音は，呼気の流れが調音器官で妨げられて生まれる音です。たとえば /fffff…/ と続けて発音してみると，呼気は上歯と下唇の隙間から流れるため，空気が摩擦する音が聞こえます。母音の場合はこのような調音器官どうしの接触はありません。

　口を大きく開けて「アー」と言うと，のどから口全体にかけて声が振動するのを感じることができます。肺から上がってきた呼気は声帯を振動させ，口腔内で共鳴しながら通過します。その際，口腔では舌や唇の形状を様々に変化させることによって，異なった音質の母音が生み出されることになります。日本語で「イー・エー・アー・オー・ウー」と言ってみると口の開け方や舌の位置がいろいろに変化することがわかります。子音は調音点が比較的はっきりしていますので，学習者に発音の仕方などが説明しやすいのです

が，母音の発音は口腔内における調音器官の相対的な位置関係に左右されるため，説明がやや困難になります．

たとえば，音楽演奏で使用される管楽器では，その中空部の形や大きさを変えると，共鳴音が変化するために異なった音色を出すことでできます。これと同じように口腔は，空気（呼気）が共鳴する空間と考えられます。すなわち，口腔内の形や大きさを変えることによって，自由に音色の異なる音の出すことができるのです。このように舌の位置や唇の形状が母音の分類に重要な基準となります。これを具体的に分けると次の4種類になります。

1) 舌の持ち上がる位置（前後）
2) 舌の持ち上がる高さ（高低）
3) 唇の構え（唇を丸めの有無）
4) 発音時の緊張の有無（口の周辺の筋肉の緊張度）

母音の発音は子音より，以下の3つの点から日本人の学習にとって習得が困難であると考えられます。1つ目には，先に述べたように母音の発音は，子音とは異なって調音器官どうしの接触や狭めがないため調音方法や調音点がわかりづらくなります。2つ目に，母音を表す文字，すなわち母音字とその発音との関係が多様なために，学習者にとっては正しい発音の習得に時間と労力を要することがあります。3つ目には，母語話者の英語でも方言によって母音の発音が異なることが多くなります。たとえば，half は米音では /hæf/ と発音されることが多いのですが，英音では /hɑːf/ になります。この本章の説明を十分理解した上で，何度も繰り返し英語母語話者のモデル発音を聞きながら，自分でも発音練習することが母音の発音を上達させる上での鍵となります。

5.1.1 舌の持ち上がる位置（前後）による分類

母音は舌のどの部分が持ち上がるかによって音色が異なってきます。鏡を見ながら注意深く観察してみると，たとえば日本語の「イ」では前舌（舌の

前の方）が硬口蓋（上歯茎の後方）に向かって上がるのに対して，やや見にくいかもしれませんが，「ウ」では中舌（舌の中央）ないしは後舌（舌の後の方）が軟口蓋（上あごの奥の方）に向かって上がります。このように前舌面が持ち上がるものを**前舌母音（front vowel）**と呼び，英語では /iː/, /ɪ/, /e/, /æ/ がこれに属します。これに対し後舌面が上がる母音は**後舌母音（back vowel）**といい，/uː/, /ʊ/, /ɔː/, /ɑ/ がそれにあたります。さらに中舌面が硬口蓋と軟口蓋の間あたりへと持ち上がるものを**中舌母音（central vowel）**と呼び，/ə/, /ʌ/, /ɚ/, /ɚː/ がこれに入ります。一般的に前舌母音は明るい音色を持つのに対し，後舌母音は暗い響きがします。また，母音の高さと第 2 フォルマント（F2）の周波数には相関関係があります。前舌母音の F2 の周波数は高く，逆に後舌母音では低くなります。

5.1.2 舌の持ち上がる高さ（高低）による分類

　舌の高さによっても母音の持つ音色は異なってきます。舌が高く持ち上がると，舌の最高点（口腔内での舌の一番高いポイント）が口蓋（上あご）に近づきます。このとき，口は閉じていることになります。逆に，舌が低い位置にあるときは，口は大きく開いていることになります。日本語の「イ」と「エ」を発音してみましょう。両者を比べてみると，どちらも前舌が硬口蓋に向かって持ち上がるものの，前者の方が舌の最高点が高く，口の開きもせまいのがわかるでしょう。この分類では，舌の表面と口蓋面までの距離を基準にします。

　この基準にしたがって母音を分類していきます。口を閉じて舌の最高点が口蓋に近いものを**高母音（high vowel）**あるいは**閉母音（close vowel）**と呼び，英語では /iː/, /ɪ/, /uː/, /ʊ/ がこれに入ります。高母音では口の開きが少なく舌の位置が高いために，口腔内での舌の最高点は高い位置にあります。舌の高さは，実際には舌自体を上下させることと，下あごの位置を上下することで調節されます。

　口を大きく開き，舌がほとんど持ち上がらず，最高点が低い位置にあるものを**低母音（low vowel）**あるいは**開母音（open vowel）**といいます。/æ/,

/ʌ/, /ɑ/ がこれにあたります。また口の開き，舌の最高点の高さが高母音と低母音の中間のものを中母音（mid vowel）といいます。/e/, /ə/, /ɚ/, /ɝː/, /ɔː/ が中母音です。

また，母音の高さと第 1 フォルマント（F1）の周波数とには相関関係があります。すなわち高母音の F1 周波数は低く，母音の高さが低くなるにつれて F1 の周波数は高くなります。

図 5-1a，図 5-1b は日本語の「イ」を発音している様子を，それぞれ前面と側面から撮影した写真です。また，図 5-1c は側面からの略図です。

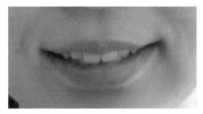 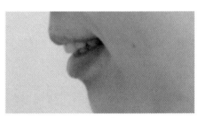

図 5-1a　日本語の「イ」の発音：　　　図 5-1b　日本語の「イ」の発音：
　　　　　前面から　　　　　　　　　　　　　　　側面から

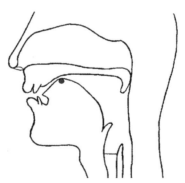

図 5-1c　日本語の「イ」の発音：
　　　　　側面からの略図

図 5-2a，図 5-2b は日本語の「エ」を発音している様子を，それぞれ前面と側面から撮影した写真です。また，図 5-2c は側面からの略図です。

第 5 章　母音の発音

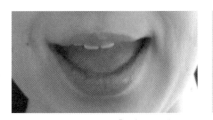

図 5-2a　日本語の「エ」の発音：
　　　　前面から

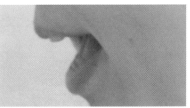

図 5-2b　日本語の「エ」の発音：
　　　　側面から

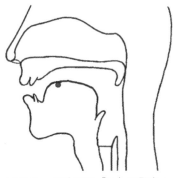

図 5-2c　日本語の「エ」の発音：
　　　　側面からの略図

　図 5-3a, 図 5-3b は日本語の「ア」を発音している様子を，それぞれ前面と側面から撮影した写真です。また，図 5-3c は側面からの略図です。

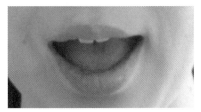

図 5-3a　日本語の「ア」の発音：
　　　　前面から

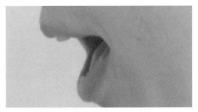

図 5-3b　日本語の「ア」の発音：
　　　　側面から

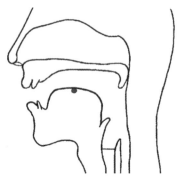

図5-3c　日本語の「ア」の発音：
側面からの略図

　図5-4a，図5-4bは日本語の「オ」を発音している様子を，それぞれ前面と側面から撮影した写真です。また，図5-4cは側面からの略図です。

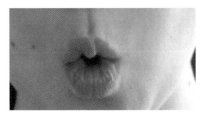 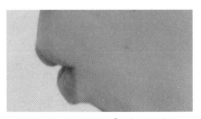

図5-4a　日本語の「オ」の発音：　　　図5-4b　日本語の「オ」の発音：
　　　　前面から　　　　　　　　　　　　　　側面から

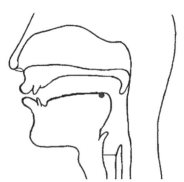

図5-4c　日本語の「オ」の発音：
側面からの略図

図 5-5a, 図 5-5b は日本語の「ウ」を発音している様子を，それぞれ前面と側面から撮影した写真です。また，図 5-5c は側面からの略図です。

図 5-5a　日本語の「ウ」の発音：
　　　　前面から

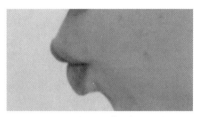

図 5-5b　日本語の「ウ」の発音：
　　　　側面から

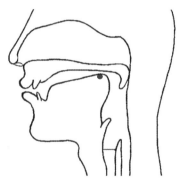

図 5-5c　日本語の「ウ」の発音：
　　　　側面からの略図

5.1.3　唇の構え（唇の丸めの有無）による分類

唇の構えも母音の音色に影響を与えます。唇の構えには唇を前に突き出し丸めて発音する**円唇**（**rounded**）と丸めない**非円唇**（**unrounded**）があります。英語の /uː/, /ʊ/, /ɔː/ は発音時に唇の丸めを伴いますので円唇音で，その他の母音は非円唇音です。日本語の「オ」は唇を丸める円唇母音ですが「ウ」は，一般的には非円唇音です。非円唇音の「ウ」は IPA では [ɯ] と表記されます。ただし，「ウ」を単独で丁寧に発音した場合には，図 5-5a, 図 5-5b のように唇を突き出して発音する円唇音になります。

5.1.4 緊張の有無による分類

　舌などの調音器官の筋肉の緊張度によっても調音点は微妙に変化し，音質も異なってきます。たとえば，/iː/ と /uː/ を発音する際，口の筋肉の緊張を緩めると，それぞれ /ɪ/ と /ʊ/ になります。筋肉の緊張を解くと舌は普通の位置，すなわちリラックスしている位置に戻ろうとするため，舌の最高点はやや低く，中央寄りになります。/iː/ と /uː/ をはり（緊張）**母音（tense vowel）**と呼び，/ɪ/ と /ʊ/ を緩み（弛緩）**母音（lax vowel）**といいます。このように /ɪ/ と /iː/，/ʊ/ と /uː/ とでは，それぞれ音の長さが異なる（普通，前者が短く後者が長い）だけでなく，発音する際の口周りの筋肉の緊張度が異なるので音質も異なります。

5.1.5 口（腔）母音と鼻母音

　口（腔）**母音（oral vowel）**は軟口蓋を持ち上げた状態で発音するので，鼻から呼気は排出されません。**鼻母音（nasal vowel）**は軟口蓋が下がって発音されるため，口腔からも鼻腔からも呼気が外に出ます。その際，鼻腔での共鳴が加わるので鼻母音に特徴的な鼻にかかったような音色になります。鼻母音は [˜] という記号を付けて表します。たとえば，I know /aɪ noʊ/ は，鼻音の /n/ の影響を受けて二重母音の /aɪ/ が鼻母音化して，[ãɪnoʊ] と発音されることがあります。英語では口母音と鼻母音の違いが，意味の相違に関わることはありませんが，フランス語ではその差で意味が異なります。たとえば，fait /fɛ/ は口母音の /ɛ/ で発音され「事実」という意味になりますが，fin/fɛ̃/ では鼻母音になり「終わり」という意味になります。

5.1.6 単母音と二重母音

　舌の持ち上がる位置（前後）と，舌の上がる高さ（高低）の観点から母音を分類すると理論上，図 5-6 のような逆台形の枠組みの中で表すことができます。理論上というのは，このような母音体系を持った言語が実際に存在するというわけではないが，母音を分類する枠組みとして想定できるという意味です。これを**基本母音（cardinal vowel）**といいます。たとえば，基本母

音1番の [i] では，舌の位置は可能な限り前寄りで，可能な限り高い位置にあります。また，基本母音5番の [ɑ] では舌の位置は可能な限り後寄りで，また可能な限り低い位置にあります。

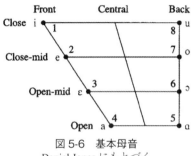

図 5-6　基本母音
Daniel Jones にもとづく

　ひとつの音節内で母音の音質が変化するものを**二重母音（diphthong）**といい，音色が単一のものを**単母音（monophthong, simple vowel）**と呼びます。英語（米音）には /iː, ɪ, e, æ, ɚː, ɚ, ə, ʌ, ɑ, ɔː, ʊ, uː/ の 12 種類の単母音があります。英語の母音を発音する際の口腔内での舌の最高点を，それぞれの母音の発音記号で書き表すと，図 5-7 のような逆台形の中に示すことができます。たとえば，eat /iːt/ の /iː/ は高母音で前舌母音なので，逆台形図の左上方のマスに入り，inn /ɪn/ の /ɪ/ の調音点は，それよりやや低く中央寄りです。この二つの母音は高母音・前舌母音という点で共通していますが，音の長さが前者の方が比較的長いだけでなく，音色自体も異なります。したがって，発音記号は /iː/ は長音記号の /ː/ を付けただけではなく，/ɪ/ とは形も異なった発音記号を使っています。同じことが /ʊ/ と /uː/ にもいえます。この二つは高母音（high vowel）で，後舌母音（back vowel）です。
　日本語と英語それぞれの母音を舌の持ち上がる位置（前後）と舌の持ち上がる高さ（高低）の二つの観点から分類して，口腔の断面図で示すと図 5-7 のようになります[1]。それぞれの母音の位置関係はあくまで相対的なもので，必ずしも絶対的な調音位置を示すものではありません。

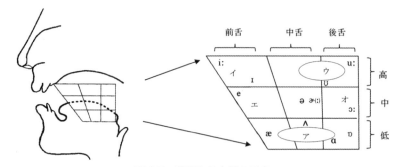

図5-7　英語と日本語の母音

　図5-8はtoyの音声波形（上図）とスペクトログラム（下図）を示しています。横軸はミリセコンド単位で時間を示し，スペクトログラムの縦軸は周波数（kHz）を表しています。スペクトログラム中の黒色の濃淡は，周波数での音のエネルギーの強さを示します。子音の［tʰ］（音声波形の濃い色の部分）に続いて二重母音の /ɔɪ/ が発音されています。二重母音の /ɔɪ/ のスペクトログラムを見ると，途中で第2フォルマント（F2）が急カーブを描いて上昇しているのが見えますが，これは /ɔ/ から /ɪ/ への音の変化を表しています。低い第2フォルマントの周波数を持つ後舌母音 /ɔ/ から高い第2フォルマントの周波数の前舌母音の /ɪ/ へと，母音がシフトしているのがわかります。

　このように，英語の二重母音は，一つ目の母音（第1要素）を発音している途中で，次第に舌の位置が次の母音（第2要素）へと移行してできる音です。日本語の「オイ」は「オ」と「イ」の2つの母音が独立して，それぞれ別々のモーラを構成します。したがって，日本語の「オイ」では2つの異なる母音が連続して発音されています。しかし英語の二重母音，たとえば /ɔɪ/ は2つの母音から成るのではなく，途中で音質の変化する1つの母音であると考えられます。また，英語では二重母音の第1要素は強くはっきり発音されますが，第2要素は音の長さが比較的短く，弱くなるのが特徴です。

第 5 章　母音の発音

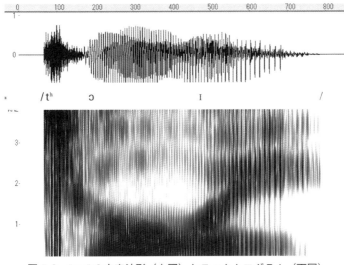

図 5-8 "toy" の音声波形（上図）とスペクトログラム（下図）

　英語（米音）の二重母音には /ɪɚ, eɚ, ʊɚ, eɪ, aɪ, ɔɪ, oʊ, aʊ/ の 8 つの種類があり，次のように 3 つのグループに分類することができます。/ɪɚ, eɚ, ʊɚ/ のグループでは，二重母音は中母音の /ɚ/ へ移行します。/eɪ, aɪ, ɔɪ/ のグループでは閉母音の /ɪ/ へと移行します。さらに，/oʊ, aʊ/ は閉母音の /ʊ/ へと口の構えが変化します。

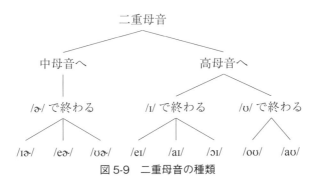

図 5-9　二重母音の種類

/ɪɚ, eɚ, ʊɚ/ のグループの二重母音では，それぞれの出だしは /ɪ, e, ʊ/ の舌の位置から始まり，図 5-10 のように次第に中母音の /ə/ への位置へと移行します。

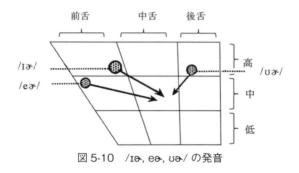

図 5-10　/ɪɚ, eɚ, ʊɚ/ の発音

また，/ɪ/ と /ʊ/ で終わる二重母音の後には次の例のように，米音では /ɚ/ が，また英音では，あいまい母音の /ə/ が続くことがあります。

fire /faɪɚ | faɪə /, player /pleɪɚ | pleɪə/,
slower /sloʊɚ | sloʊə/, our /aʊɚ | aʊə/

5.2　日本人英語学習者の不得意な母音の発音

英語と日本語とではその音素体系が大きく異なります。日本語には「ア」，「イ」，「ウ」，「エ」，「オ」の 5 種類の母音しかありませんが，二重母音を含めると英語には 20 〜 23 種類の母音があるといわれています（第 1 章，表 1-1 を参照）。世界的に見てもギリシャ語，スペイン語など，日本語のように母音を 5 つしか持たない言語は数多くあります。さらに，日本語の 5 つの母音も，それぞれに似た英語母音が存在するものの，微妙に調音点が異なっています。日本人学習者は英語の母音を発音する際，日本語の母音で代用してしまいがちです。

日本人学習者が英語の発音や聞き取りに困難を感じるのは，音韻体系の

違いのみならず，英語の音素の中に日本語の音素にはない母音や子音が多く含まれているからです。たとえば，日本人にとって，英語の /æ/, /ɑ/, /ʌ/, /ə/ は，すべて日本語の「ア」として，あるいは「ア」に似た音として聞こえるかもしれませんが，英語ではそれぞれ語の中で意味を弁別する**音素（phoneme）**なのです。子音や母音のように，一つ一つの要素として区別のできる音を**分節素（segmental）**と呼びます。

　以下は，日本人学習者が間違いやすい母音のリストです。英語母語話者の子どもの場合は，2才から2才半ぐらいで母音の音素すべてを発音できるようになるといわれています。しかし，/ɪ/-/iː/-/e/，/æ/-/ʌ/，/ʊ/-/uː/，/ɔː/-/oʊ/ の発音の区別は獲得が遅れます（Cruttenden, 2014, p. 109）。この点では，日本人の苦手な発音の区別と共通点が見られます。

〈日本語〉　　〈英語〉
「イ」…………/ɪ/, /iː/
「エ」…………/e/, /eɪ/
「ア」…………/æ/, /ɑ/, /ʌ/, /ə/, /ɚ/, /ɝː/
「オ」…………/ɔː/, /ɑ/, /oʊ/
「ウ」…………/ʊ/, /uː/

　以下のセクションでは，一般的に日本人が区別して発音するのが苦手といわれている母音の発音を比較します。

5.2.1　/iː/ と /ɪ/

　たとえば bean /biːn/ の /iː/ は，唇を左右に引いたときの日本語の「イー」に近い音です。/ɪ/ は日本語の「エ」の音色を帯びた「イ」に近い音です。/iː/ は /ɪ/ よりも唇や舌，そしてその周辺筋肉の緊張を伴うので緊張音と呼ばれ，音そのものも長くなります。/ɪ/ は筋肉の緊張を伴わないので弛緩音といいます。口の周りの筋肉の緊張度を緩めると，あごが自然と下がり気味になり，舌の位置は中央寄りになります。そのため，/ɪ/ は /iː/ より音の長さが

短いだけでなく，2つの音は音質も異なります。音質の違いを示すために，この短母音は /i/ とは表記されずに /ɪ/ と表されます。図 5-11a と図 5-11b は，アメリカ人英語母語話者が，それぞれ英語の /iː/ と /ɪ/ の発音をしているところを正面からとらえた写真です。図 5-11a から，/iː/ の発音では，唇を左右に引いているのがわかります。

図 5-11a　英語の /iː/ の発音：前面から　　　図 5-11b　英語の /ɪ/ の発音：前面から

/iː/-/ɪ/---bean-bin, beat-bit,
　　　　 feel-fill, keen-kin,
　　　　 leave-live, peel-pill,
　　　　 seat-sit, steal-still,
　　　　 teen-tin

《発音のポイント：/iː/ と /ɪ/》
・/iː/ は唇を横に広げ，スマイルの構えで /iːːː/ と伸ばした後，bean /biːn/ と発音してみる。
・/iːːː/ と言った後，口の力を抜き，少しあごを下げると bin /bɪn/ の /ɪ/ になります。

1. She filled the bin with beans.
2. He is still in his teens.
3. Please feel free to leave.

5.2.2　/æ/ と /ɑ/

　/æ/ は日本語の「ア」よりさらに口を大きく開け，唇を左右に引っ張るように発音します。日本語の「エ」の口の構えで「アー」と長い目に発音するとよいでしょう。/ɑ/ は舌の位置が，英語の母音の中でも一番低いので，日本語の「ア」よりさらに口を大きく開け，ちょうど「アー」とあくびをするときの感じで発音します。図 5-12 は，英語の /ɑ/ の発音を斜め横からとらえた写真です。

第5章　母音の発音

図 5-12　英語の /ɑ/ の発音：
　　　　斜め横から

/æ/-/ɑ/---cap-cop,
　　cat-cot, crack-crock
　　lass-loss, pat-pot,
　　rack-rock

《発音のポイント：/æ/ と /ɑ/》
・/æ/ は「エ」を言うつもりで、唇を左右に広げます。
・/ɑ/ は、医者にのどの奥を見てもらうときの要領で「アー」と口を大きく開けます。

1. The cop lost his beloved cat.
2. Don't put that cap on the rack.
3. She patted the cat on its head.

5.2.3　/e/ と /æ/

/e/ は日本語の「エ」より、やや口を開け気味にリラックスして発音します。/e/ を言った後、少しあごを低くして唇を左右に広げるように発音すると /æ/ になります。図 5-13a と図 5-13b は、それぞれ /e/ と /æ/ の発音の口の構えを、斜め横からとらえた写真です。

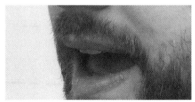

図 5-13a　英語の /e/ の発音：
　　　　　斜め横から

図 5-13b　英語の /æ/ の発音：
　　　　　斜め横から

/e/-/æ/ --- bet-bat, end-and, men-man, merry-marry, met-mat, head-had, kettle-cattle, lend-land, pen-pan, pet-pat, ten-tan

   1. She happily married the man.

   2. He patted his pet cat.

   3. I met the man by the cattle pen.

5.2.4 /ɑ/ と /ʌ/

たとえば hot /hɑt/ の /ɑ/ は，日本語の「ア」より口の開きが大きく，舌も後ろ寄りで，口の奥の方を広く開けるつもりで発音するとよいでしょう。/ɑ/ は hut /hʌt/ の /ʌ/ より口の開け方が大きい低母音なので，より明瞭な音に聞こえます。

/ʌ/ は日本語の「ア」より口の開け方が小さく「オ」の構えで，鋭く息を出します。ちょうど忘れ物を思い出して「アッ」と言うときの音に近いといえます。あまり，口を開けすぎないのがポイントです。/ɑ/ と /ʌ/ は，アクセントのある音節の中で発音される母音です。

/ɑ/-/ʌ/---collar-color, cop-cup, cot-cut, dog-dug, doll-dull, fond-fund, hot-hut, lock-luck, shot-shut, wander-wonder

   1. She wondered which doll it was.

   2. He wandered around and found a hut.

   3. The cop was out of luck.

   4. He is fond of his summer hat.

   5. Bob wants a hug.

5.2.5 /ə/ と /ʌ/

たとえば about /əbaʊt/ の最初の母音 /ə/ は，**あいまい母音（schwa）** と呼ばれ，英語の弱音節で一番よく現れる母音です。英音ではすべての母音の中で約 26.9%がこの音で，/ʌ/ の約 4.0%と比べると出現率がいかに高いかがわかります[2]（Cruttenden, 2014, p. 158）。/ə/ は，強音節で発音されることの多い

/ʌ/ とは異なり，口の筋肉を緩めリラックスして発音します。日本語の「ア」の構えから少し口を閉じて，唇は丸めずにあいまいに短く「ウ」と言うつもりで発音すると，この音になります。

/ə/ を発音する際，舌の口腔内での最高点は中央寄りですが，その音質は単語や個人によっても変化しやすいことが知られています。たとえば，be̲hind, be̲gin の最初の弱音節は [ə] や [ɪ] で発音されます。特に be̲hind の最初の音節はあいまい母音の [ə] で発音されることが多いので「バァハインド」のように聞こえます。/ʌ/ はアクセントのある音節で発音されますが，/ə/ には普通アクセントは置かれません。図5-14aと図5-14bは，それぞれ /ə/ と /ʌ/ の発音の口の構えを示しています。/ə/ の方が /ʌ/ より，口の開け方が狭いのが見て取れます。

以下の様な弱形で発音される機能語であいまい母音が現れます。
has /həz/, for /fə/, from /frəm/, the /ðə/

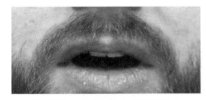

図 5-14a　英語の /ə/ の発音：前面から

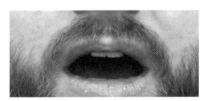

図 5-14b　英語の /ʌ/ の発音：前面から

/ə/-/ʌ/---a̲bout-u̲p, impossi̲ble-e̲nough, o̲ppose-o̲ven, photo̲graph-blo̲od, pro̲vide-lu̲ck

5.2.6　/ɔː/ と /ɑ/

たとえば all /ɔːl/ の /ɔː/ は，日本語の「オ」よりやや口を大きく開いて「オー」と，唇をやや丸めながら発音します。英音では，やや舌の位置が高く，後舌が軟口蓋に向かって高められるため，ややこもった感じに聞こえます。米音では，さらにあごを下げて /ɑːl/ と発音される傾向があります。その場合は唇の丸めはなくなります。

/ɔː/-/ɑ/---caught-cot, caller-collar, dawn-Don, naught-not, taught-tot

    1. Little Don caught a cold and slept in a cot.

    2. She called her daughter before dawn.

    3. He took the caller by the collar.

5.2.7　/uː/ と /ʊ/

　/uː/ は，日本語で「ウー」と言うときより[3)]，さらに唇を丸めて発音する緊張音です。このとき，後舌面は軟口蓋にかなり近づきます。/uː/ を言った後，力を抜いて発音すると /ʊ/ の音になります。口の周辺の筋肉をリラックスさせると音は短くなり，あごもやや下がって舌の位置も中央寄りになるので自然と /ʊ/ の音になります。このとき，唇の丸めは /uː/ より少なくなります[4)]。日本語の「ウー」と「ウ」のように単に音の長さが異なるだけではなく，/uː/ と /ʊ/ とは音自体が質的に違うので，異なった形の発音記号を使用します。

　図 5-15a と図 5-15b はそれぞれ，/uː/ と /ʊ/ を発音している際の口の構えを示しています。特に /uː/ では，唇を前に突き出して発音してする様子がはっきりと見られます。

図 5-15a　英語の /uː/ の発音：斜め横から　　　図 5-15b　英語の /ʊ/ の発音：斜め横から

/uː/-/ʊ/---cooed-could,
　　　　fool-full, Luke-look,
　　　　pool-pull, stewed-stood,
　　　　who'd-hood, wooed-would

《発音のポイント：/uː/ と /ʊ/》
・/uː/ は口笛を吹くつもりで，唇を丸めます。
・/ʊ/ は，力を抜いてやや唇を丸めながら「ウ」と言います。

1. The p<u>oo</u>l was f<u>u</u>ll of water.
2. L<u>u</u>ke c<u>ou</u>ld not p<u>u</u>ll.
3. She st<u>oo</u>d by the p<u>oo</u>l.

5.2.8 /ɑɚ/ と /ɚː/

heart /hɑɚt/ の /ɑɚ/ と hurt /hɚːt/ の /ɚː/ は，どちらも「アー」と言っているように聞こえますが，/ɑɚ/ の出だしは，あごの開きを最大限に大きくし，舌全体を低くしながら発音します。したがって，前半は明るい響きの音です。後半は，米音では次第に舌先を上に反らせて「反り舌音」の /r/ を発音します。

bird /bɚːd/ の母音 /ɚː/ は，唇を少し横に開いて，舌全体をぐっと後ろに引きながら「ウー」と発音します。暗く，少しこもるような音になります。日本人英語学習者は，これを日本語の母音の /aː/ に代用しがちです。

いずれも米音では，舌先を硬口蓋に向かって持ち上げたり，舌全体を後方に引きながら持ち上げることにより /r/ の音色が加わるので，独特の響きを伴った母音になります。これを **r の音色を帯びた母音**（**r-colored vowel**）といいます。

図 5-16a と図 5-16b では，それぞれ /ɑɚ/ の発音の出だしと /ɚː/ の発音の口の構えを斜め横からとらえています。/ɑɚ/ の発音では最初，/ɑ/ と同様に口の開きが大きいことがわかります。

図 5-16a　英語の /ɑɚ/ の発音：
　　　　　斜め横から

図 5-16b　英語の /ɚː/ の発音：
　　　　　斜め横から

米音　/ɑɚ/-/ɚː/　英音　/ɑː/-/əː/

---barn-burn, card-curd, carve-curve, dart-dirt, far-fir, farm-firm, hard-heard, heart-hurt, lark-lurk, ward-word

1. Don't pick up the burned card.
2. I heard he broke her heart.
3. She can carve words from a bar of soap.

5.2.9　/ɔː/ と /oʊ/

/ɔː/ は口を大きく開いて「オー」と発音します。米音では「ア」の響きを持つこともありますが，英音では口の奥の方で発音されるため，音がこもるように聞こえます。二重母音 /oʊ/ の出だしの音は日本語の「オ」とほぼ同じで，第2要素に移行するにつれて円唇音になります。図 5-17 は /ɔː/ の発音を斜め横からとらえた写真です。

図 5-17　英語の /ɔː/ の発音：
　　　　　斜め横から

/ɔː/-/oʊ/--- bought-boat, bald-bold, chalk-choke, pause-pose, saw-so

5.3　母音の長さ

図 5-18 は face と phase の音声波形，イントネーション，スペクトログラムを示しています。face /feɪs/ と phase /feɪz/ は，前者の語尾子音が無声音で後者が有声音である点のみが異なるだけで，他の要素は共通しています。で

は，指をのどに当てながら，face と phase を発音してみてください。二重母音の /eɪ/ で声帯振動が確認できますが，語尾の摩擦音は両方とも声帯は振動しないことがわかるはずです。このように，実際の発音では phase /feɪz/ の語尾子音の「有声」摩擦音は，ほとんど声帯振動を伴いません。では，この 2 つの語を聞いた場合，どこで区別をしているのでしょうか。もう一度，face /feɪs/ と phase /feɪz/ を発音してみると，phase /feɪz/ の二重母音 /eɪ/ の方が，face /feɪs/ のそれより長く発音されていることに気づきます。無声音の /s/ のような**硬音（fortis）**は，その前に来る母音を短くする（pre-fortis clipping）という特徴があります。このような音節末の硬音が，先行母音を短くする現象は /iː/，/uː/，/ɔː/ の**長母音（long vowel）**と二重母音において，その効果が特に顕著に表れます。たとえば，seat /siːt/ の /iː/ のように無声子音の前に来る長母音の長さは，sea /siː/ や seed /siːd/ の /iː/ のほぼ半分の長さしかなく，sid /sɪd/ の /ɪ/ と同じぐらいの長さになります。seat /siːt/ と seed /siːd/ の違いは，主に母音の長さによって区別されます。英語の無声音は，調音器官が緊張した状態で強い呼気圧で発音されるため硬音になります。逆に有声音は，調音器官の緊張を伴わず呼気圧も無声音より弱く**軟音（lenis）**と呼ばれます。

　図 5-18 の上図と下図で，二重母音の長さを比較してください。このスペクトログラムからは，次の二つのことが読み取れます。まず，二重母音 /eɪ/ は，face /feɪs/ の方が phase /feɪz/ より，明らかに短いことがわかります。さらに，イントネーション曲線に注目してみると，phase /feɪz/ の /z/ が発音されている部分で途切れていることもわかります。これは，有声音は語尾の位置では，ほとんど声帯振動を伴わないことを反映しているからです。

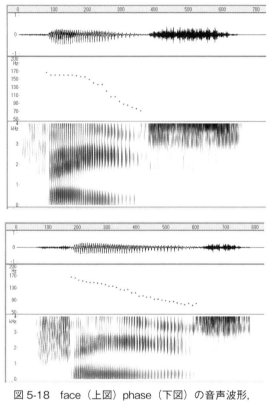

図 5-18 face（上図）phase（下図）の音声波形，
イントネーション，スペクトログラム

母音 + 硬音 - 母音 + 軟音 --- ba<u>ck</u>-ba<u>g</u>, ba<u>tch</u>-ba<u>dge</u>, bea<u>t</u>-bea<u>d</u>, ca<u>p</u>-ca<u>b</u>, coa<u>t</u>-co<u>de</u>, fa<u>ce</u>-pha<u>se</u>, gra<u>ce</u>-gra<u>ze</u>, hi<u>t</u>-hi<u>d</u>, hur<u>t</u>-hear<u>d</u>, lea<u>k</u>-lea<u>gue</u>, ma<u>te</u>-ma<u>de</u>, pi<u>ck</u>-pi<u>g</u>, righ<u>t</u>-ri<u>de</u>, ri<u>p</u>-ri<u>b</u>, roo<u>t</u>-ru<u>de</u>, ro<u>pe</u>-ro<u>be</u>, tee<u>th</u>-tee<u>the</u>

　以上の母音の長さに関する変化は，特に単語が単独で発音された際に顕著に見られます。単語が句や節，センテンスのようなより長い単位の中で発音された場合は，単語の中の母音の長さはアクセントの有る無しに大きく影響されます。一般的に，アクセントの置かれた強音節の母音は，アクセントのない弱音節より長く発音されます。

第 5 章　母音の発音

注
1）特に日本語の「ア」と「ウ」は，前後環境によって調音位置が変化しますので広い目に表示してあります（福盛，2010, p. 205）。
2）あいまい母音の /ə/ の出現率は米音でも一番高く，個々の母音の出現率は英音も米音もそれ程変わりはありません。Cruttenden（2014, p. 159）は，英音でのすべての母音の出現率を表にまとめています。
3）日本語の「ウ」では，人によって若干唇が突き出る場合がありますが，一般的には非円唇母音とされます（福盛，2010, p. 204）。
4）英音では円唇性が失われる傾向があり，その傾向は good, should, could のような，出現頻度の高い語に顕著です（Cruttenden, 2014, p. 131）。

5.4　第 5 章のまとめ

☐母音は声帯振動が音源となり，それが声道内で共鳴して生まれます。
☐ささやき声以外，母音はすべて有声音です。
☐声道はフィルターのような役目を果たして，もともとの音源とは異なる音を作り出します。
☐舌の位置や唇の形状は，母音を分類する際，重要な基準となります。
☐母音は呼気が調音器官による妨げなしに発音されるため，息の続く限り継続的に発音することができます。
☐前舌面が持ち上がる母音を前舌母音（front vowel）と呼びます。
☐後舌面が上がる母音は後舌母音（back vowel）といいます。
☐中舌が硬口蓋と軟口蓋の間あたりへと持ち上がるものを中舌母音（central vowel）と呼びます。
☐舌の位置が口蓋に近いものを高母音（high vowel）あるいは閉母音（close vowel）と呼びます。
☐舌が低い位置にあるものを低母音（low vowel）あるいは開母音（open vowel）といいます。
☐舌の高さが高母音と低母音の中間のものを中母音（mid vowel）といいます。
☐母音は口の周辺部分の筋肉緊張度に応じて，緊張音と弛緩音とに分類され

ます。

□母音は唇の丸め度合いに応じて，円唇音と非円唇音に分かれます。

復習課題

5-1 次の単語中の母音と二重母音を発音記号で表してください。

1. this　　2. feel　　3. then　　4. first　　5. taste
6. won　　7. poor　　8. cat　　9. boy　　10. put

5-2 図 5-19 〜図 5-24 の音声波形とスペクトログラムは **1. had**, **2. hide**, **3. pie**, **4. pea**, **5. pad**, **6. shout** のどの語を表したものですか。

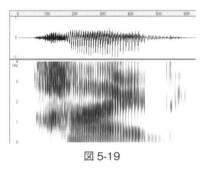

図 5-19

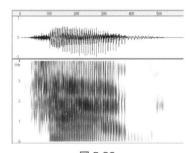

図 5-20

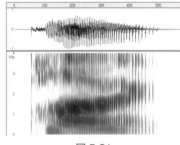

図 5-21

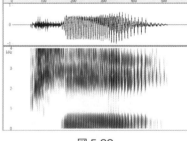

図 5-22

第5章 母音の発音

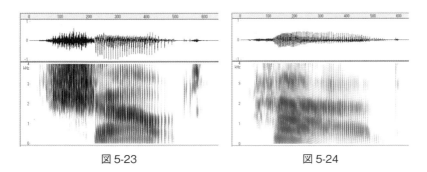

図 5-23　　　　　　　　　　　図 5-24

5-3　図 5-25 は "pat" の音声波形とスペクトログラムです。母音の長さを測定してください。また，練習課題 5-2 の "pad" の母音の長さと比較してください。

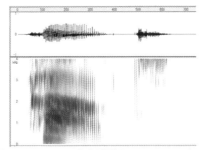

図 5-25　"pat" の音声波形とスペクトログラム

第6章　子音の発音

◂ 本章の目的 ▸

1 ⇒ 子音の発音のしくみを理解します。
2 ⇒ 日本人が不得意とされる子音の発音要領について学びます。
3 ⇒ 調音点から子音の発音を分類します。
4 ⇒ 調音方法から子音の発音を分類します。

6.1　子音の発音について

　英語には24種類の子音があります（第1章，表1-2　子音の発音記号を参照）。これらの子音は発音上，単語の「骨組み」(skeleton) の役割を果たし，母音は肉付けであると言われています (O'Connor, 1980, p. 24)。骨組みがしっかりしていないと話し相手に理解されにくい発音になってしまいます。たとえば，以下のように母音字をすべて抜き去り，子音字のみで構成されたセンテンスから本来の姿を推測してみてください。

　　C--ld y-- p-ss m- - p--c- -f str-ng, pl--s- .

この子音字のみで構成されたセンテンスは，"Could you pass me a piece of string, please." と推測可能です。では，下記のように母音字のみで表された場合はどうでしょう。元のセンテンスを推測するのはかなり困難です。

　　-ou-- -ou -a-- -e a -ie-e -o ---i--, --ea-e.

　スポーツの国際イベントでよく見かける JPN は，子音字だけで Japan とすぐ読めますが AA と母音字だけではどこの国かわかりません。英国も子音字のみで GBR と略されますし，LHR の略字は London Heathrow 空港を表します。まさに，子音は英語発音にとっては大切な骨格なのです。

間違った発音をすると相手に通じないことさえあります。明瞭でわかりやすく相手に通じやすい発音のことを**明瞭性**（**intelligibility**）の高い発音といいます。子音の発音を間違えると明瞭性が低くなりコミュニケーションに支障をきたし，思わぬ誤解が生まれることがあります。ある日本人留学生がイギリスのレストランで "*v*anilla milkshake" というべきところを "*b*anilla milkshake" といってしまい "banana milkshake" が出てきたそうです（Hewings, 2004, p. 15）。子音の /v/ を /b/ と置き換えて発音したために，明瞭性が落ちてコミュニケーションがうまく成立しなかった例です。このように子音の発音を間違えると，相手に意図が伝わらないことがあります（詳細については第 8 章を参照）。

　アメリカ人の英語母語話者に，様々な発音上の誤りを含む日本人の発音を聞いてもらい，明瞭性の度合いを調べたところ，誤りの中では**子音削除**（**consonant deletion**）が 35.8％で一番正解率が低いことがわかりました（Yamane, 2006）。発音されるべき子音がしっかりと発音されていないと明瞭性が落ちるのは当然です。また，英語の子音の中には，日本語の子音より強く発音するものがあります。無声閉鎖音の /p, t, k/，無声摩擦音の /f, θ, s, ʃ/ や破擦音の /tʃ/ は**硬（子）音**（**fortis**）と呼ばれ，アクセントのある音節の中では，調音器官の筋肉を緊張させ，口内の呼気圧を高くして強く発音します（Collins & Mees, 2013, p. 52）。多くの日本人学習者は，明瞭に発音する必要があり，さらには発音に強いエネルギーを要するこのような子音の発音を苦手としています。この章ではまず，子音の発音のしくみを見た後，日本人が不得意とされている子音の発音要領について学びます。

　子音は，肺からの呼気の流れが発音器官によって摩擦や狭めなど，何らかの妨げを受けて生まれてくる音です。英語発音を学ぶ日本人にとって，日本語にない英語子音の発音は困難です。

　子音は大きく分類して有声音と無声音とに分かれます。第 3 章で見たように，声帯が振動することによって生まれる子音を**有声子音**（**voiced consonant**）といい，声帯の振動なしでできる子音は，**無声子音**（**voiceless consonant**）と呼ばれます。

6.2 調音点から見た子音の発音

音声は，呼気が様々な調音器官を通過する際に，呼気の通る道（声道）が狭められたり一時的にブロックされたりすることによって生まれます。たとえば，両唇を完全に閉じた後，一気に呼気を吐き出すと /p/, /b/ の音になります。このように声道内の発音に関わる場所のことを**調音点**（**point / place of articulation**）といいます。調音点から子音を分類すると，以下の7種類になります。

(1) 両唇音（bilabial）
　上下の唇で呼気の流れを阻害する音で /p, b, m, w/ があります。日本語の「フ」もこの音です。

(2) 唇歯音（labio-dental）
　上歯と下唇を使って呼気の流れを阻害する音で，/f, v/ がこれにあたります。

(3) 歯音（dental）
　上歯と舌端で呼気の流れを阻害する音で，/θ, ð/ があります。

(4) 歯茎音（alveolar）
　/t, d, n, l, s, z/ がこれにあたり，舌尖や舌端を上歯茎に接触させたり（/t, d, n, l/），近づけたり（/s, z/）して発音します。

(5) 硬口蓋歯茎音（palato-alveolar）
　歯茎の後部と硬口蓋との境目あたりと，前舌面を使って呼気の流れを阻害します。/ʃ, ʒ, tʃ, dʒ, r/ がこれにあたります。

(6) 軟口蓋音（velar）
　後舌面と軟口蓋とで呼気の流れを阻害する音で，/k, g, ŋ/ があります。

(7) 声門音（glottal）
　呼気が声門を通過するときにできる音で，音素としては /h/ がこの音です。/h/ は声門を呼気が通過するときに生じる**無声声門摩擦音**（**voiceless**

glottal fricative）で，子音の音素の 1 つです。たとえば hat /hæt/ の最初の音がこれで，ため息をつくときに言う「ハー」の最初の音です。[ʔ] は肺から呼気の流れを声門で閉じ，解放するときにできる音で，声門閉鎖音（glottal stop）と呼ばれます。[ʔ] は /p, t, k, tʃ/ の異音と考えられます。

調音点の観察方法

調音点は，手鏡で見れば唇や舌の前方ぐらいは観察可能ですが，実際の発音には連続性がありますので，それぞれの音がどのように形成されるかを見ることは困難です。科学的な調音点の観察方法としては，**電気口蓋図法（electropalatography）**があります。これはコンピュータに接続した感応式の電極を口に入れ，発音中の舌の動きや位置などを調べる方法です。実験協力者が 62 個の電極が付いた人工口蓋を上あごに装着して話すと，舌が上あごに接触するたびに電極が反応して，子音を発音する際，舌が上あごのどの位置や範囲に接触しているかが，同時進行でモニター上に**口蓋図（palatogram）**として表示されます。図 6-1A は電極が反応していませんので，舌が上あごのどこにも接していない状態を表します。

図 6-1B では電極の反応を示す黒い点が上あごの後方に集中していることがわかります。舌が上あごに接触することで，声道が上あごの後方，すなわち軟口蓋で阻害される状態で，これは軟口蓋音の /k, g/ の特徴です。図 6-1C では舌と上あごとの接触はさらに後方です。

図 6-1D は接触が上あごの前方に集中していますので歯音の調音点を示し，図 6-1E は少し後ろ寄りですので歯茎音の発音であることがわかります。歯音や歯茎音では舌尖や舌端だけで呼気の流れが阻害されると思いがちですが，実際には舌の両端も上あごに接触していることがはっきりと観察できます。

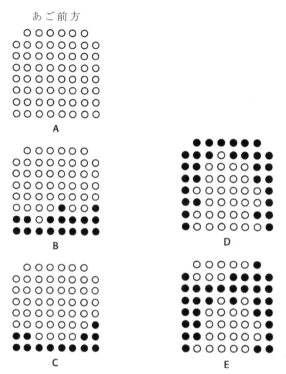

図 6-1　口蓋図（Ashby & Maidment, 2005, p. 42 にもとづく）

　他に，調音点を観察する方法としては X 線による撮影がありますが，放射線の被曝を考慮するとあまりよい手段ではありません。より最近では，安全な磁気共鳴映像法（MRI: magnetic resonance imaging）や，超音波検査法（echography）が利用されています。

6.3　調音方法から見た子音の発音

　それぞれの子音には有声・無声の区別があり，また調音点も異なることを見てきました。ここでは，3 つ目の観点の**調音方法**（**manner of articulation**）から子音を分析することにします。

子音は，肺からの呼気が声道を通過する間，調音器官が動いて声道の形が変化することで生まれます。呼気などの空気は狭い空間を通過するときに，**乱流（turbulence）**を起こして音が出ます。ドアの隙間などから強い勢いで風が通ると「ヒュー」という音がしたり，唇をすぼめて勢いよく呼気を吐くと「ピュー」と口笛が吹けたりするのもこの原理です。

　調音方法の観点から，調音器官が動くことで取り得る声道の形態には以下の3つが考えられます。

1) 調音器官どうしがぴったりと接触することによる閉鎖（closure）の状態。
2) 調音器官どうし互いに接触はしないものの，かなり近づくことで狭め（narrowing）ができる状態。
3) 調音器官どうし接近（approximation）するものの，閉鎖はしないで，ある程度の間隔がある状態。

　上記の1) と2) の状態では，呼気の逃げ場が制限されて気道内の空気圧は高まります。このような状況のもと作られる音を**阻害音（obstruent）**といいます。阻害音は有声音と無声音に分かれます。3) の状態では気道内の空気圧は高まりません。このような音を総称して**共鳴音（sonorant）**といいます。共鳴音は発音の際，調音器官どうしの接触がないため，呼気が比較的スムーズに出てきます。この点は母音とよく似ており，共鳴音の子音は母音と同様，普通は有声音になります。

6.3.1　口音と鼻音

　図 6-2 と図 6-3 は，調音点の観点から見ると両者とも歯茎音ですが，異なる点がひとつあります。軟口蓋の位置を見ると，図 6-2 では持ち上がって咽頭壁に接触し，呼気の流れがいったん閉鎖されていることがわかります。これを**軟口蓋閉鎖（velic closure）**といいます。点線のように舌先を下げると，呼気の開放が口腔を通じてのみ行われます。このように軟口蓋を閉鎖するこ

とによって発音する閉鎖音を**口腔閉鎖音**（**oral stop**）と呼びます。口腔閉鎖音では，気道内の空気圧は呼気が開放されるまで一時的に高まるので阻害音の一種です。図 6-3 では軟口蓋が下がり，呼気は自由に鼻腔から排出されます。このような子音を**鼻音**（**nasal**）といいます。鼻音の場合は，鼻腔から呼気は自由に排出されますので，軌道内の空気圧は高まりません。したがって，鼻音は共鳴音に属します。

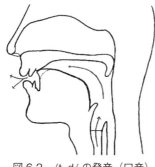
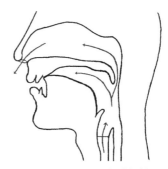

図 6-2　/t, d/ の発音（口音）　　　図 6-3　/n/ の発音（鼻音）

　試しに "oral stop" という語句を普通に発音した後，鼻をつまんで発音してみてください。特に問題なく発音できるはずです。"oral stop" には口音の発音しか含まれないからです。次に，同じようにはじめは普通に，次に鼻をつまんで "unknown" /ʌnnóʊn/ と発音してみてください。"unknown" は鼻をつまむと発音できないはずです。この語には鼻音の /n/ が含まれているため，鼻をつまむと呼気が逃げ場を失い，気道内の圧力が高まります。そのために声帯は振動しなくなるからです。また，この場合 /n/ は，調音点が同じ口音の /d/ のように聞こえるはずです。

　閉鎖音と同じように，口腔内で呼気の流れを遮断し，それと同時に，上あご奥にある軟口蓋を下げて，鼻腔に呼気を流出させると**鼻（子）音**（**nasal**）になります。/m, n, ŋ/ がこれにあたります。共鳴性はあるものの，鼻音では，どこかの調音器官（/m/ では両唇，/n/ では舌端と歯茎，/ŋ/ では後舌と軟口蓋）で息の流れが止められ，呼気は鼻腔から排出されます。日本人が比

較的，不得意にしているのが /n/ と /ŋ/ の区別です。両者は調音点が異なります。sin /sin/ の /n/ は舌先が上歯茎に接触しますが，sing /sɪŋ/ の /ŋ/ では，後舌面が持ち上がり，上あご奥の軟口蓋と接触することで息が鼻へと流れ出る音です。

6.3.2 閉鎖音 / 破裂音（stop, plosive）/p, b, t, d, k, g/

/p, b/ は調音点から見ると両唇音に分類されますが，本節では調音方法の観点から発音方法を詳しく観察することにします。両唇はぴったりと閉じられ，さらに，軟口蓋も持ち上がっているため，口腔内で呼気の圧力は次第に高まります。両唇による閉鎖を開放すると，呼気は「破裂する音」を伴って排出されます。このような発音の仕方をする子音を総称して**閉鎖音（stop）**といい，/p/, /b/, /t/, /d/, /k/, /g/ の6つの子音がこれに属します。声門を閉じることで生まれる［ʔ］も閉鎖音（声門閉鎖音）です。閉鎖音は次の3つの段階を踏んで形成されます。

1) **閉鎖（stop）**の段階。調音器官（/p, b/ の場合は両唇）で口腔閉鎖の状態を作り，呼気が気道から漏れないようにします。
2) **保持（hold）**の段階。一時的に呼気が気道内にためられるため圧力が高まります。
3) **開放（release）**の段階。急に調音器官が離れることにより，呼気が一気に開放されます。以上の3段階を図式化したものが図6-4 です。

図 6-4　閉鎖から開放（破裂）へ

このように閉鎖音は口腔内で呼気をいったん遮断し，高まった圧力を開放するときに産出される音で，閉鎖と開放（破裂）という2つの面を持っているため，後者の側面をとらえて**破裂音（plosive）**という呼び方もあります。

しかし呼気の解放を伴わないこともあるので，閉鎖音の方が一般的によく使われます。

6.3.2.1　無声閉鎖音（**voiceless stop**）/p, t, k/

　日・英語に共通して用いられるように思われる子音も，厳密に見れば，その発音方法が異なる場合も少なくありません。たとえば，英語の /p/, /t/, /k/ は，それぞれ日本語の「プ」，「トゥ」，「ク」の最初の子音と同じように見えます。しかし，語頭やアクセントのある音節の最初では，英語の閉鎖音は日本語のそれより，強い呼気の流れを伴って発音されます。

　閉鎖音の内，無声音の /p, t, k/ はアクセントのある単語の語頭の位置で，呼気を開放する際に強い破裂（burst）を伴って発音されます。たとえば，pet, tea, kick の語頭の無声閉鎖音は強い息の音を伴い，これを**帯気音**あるいは**気息音**（**aspiration**）といいます。帯気音は /pʰet/, /tʰiː/, /kʰɪk/ のように [ʰ] を付けて表します。

　ティシュー・ペーパーの端を手に持って，口の前に垂らし，pet, tea, kick と発音してみてください。各単語の最初の子音を発音する際に，ティシューが呼気で揺れれば正しく帯気音を伴った閉鎖音が発音させていることになります。特に，両唇音の [pʰ] は [tʰ]，[kʰ] より調音点が前の方にあるので，帯気音がはっきりとわかるはずです。

　tree /triː/ が「チュリー」に聞こえることがあります。これは /t/ の帯気音が強いので摩擦音の /ʃ/ のように聞こえるためで，発音記号で /tʃriː/ と表記することも可能です。この帯気音が弱いと，たとえば pack が back に，town が down に聞こえてしまうことがあります。

　この強い帯気音は，アクセントのない音節の最初に来た場合には弱くなります。特に，/p/ が語頭の位置で，2つ目の音節にアクセントがあるときには，帯気性がほとんどなくなります。たとえば potato /pətéɪtoʊ/ では /p/ は語頭の位置にありますが，2つ目の音節にアクセントがあるため，最初の音節頭の /p/ はごく弱く発音されることになり，/b/ と区別が付きにくくなることがあります。

/pʰ/ /tʰ/ /kʰ/

pea   tea   key

pay   toe   car

pie   two   kick

pin   tin   kin

> 《発音のポイント：アクセントのある音節の最初の /p, t, k/》
>
> ・「プッ」「トッ」「クッ」と息を強く一気に吐き出す。

1. Did you pay for the pie and the two cakes?
2. Would you like tea or coffee?
3. Put the car key in your pocket.

　無声音の /p, t, k/ は，語中でもアクセントのある音節の最初に来た場合には帯気音を伴います。たとえば，apártment, photógraphy, recórd（動詞）の /p, t, k/ は帯気音を伴います。しかし，polite, rápid, párty, wánted, cóoking, récord（名詞）のように，/p, t, k/ が弱音節の最初や強音節の最後に来る場合は，帯気音はごく弱くなります。

　/p, t, k/ は語尾の位置で，その後に無音のポーズがある場合は，帯気音を伴わない場合が多いです。たとえば lip /lɪp/ や cup /kʌp/ の /p/ は，語尾では唇は閉じたままで，呼気の開放なしで発音されることがよくあります。/kʌp̚/ のように，[̚] の印を付けて表記します。この呼気の開放を伴わない (unreleased)［p̚］は音素 /p/ の異音の1つです。また，Cruttenden（2014, p. 170）によると，米音より英音の方が語尾閉鎖音の開放がない傾向があります。

cup, lip, map; mat, put, set; kick, mock, pick;
cub; robe, tab; hide, road, said; big, pig, rogue.

1. Put the cup in the back.
2. Look at that black cat.
3. I think it is worth a visit.
4. He said the cub was big.

> 《発音のポイント：音節末の破裂音 /p, b, t, d, k, g /》
>
> ・できるだけ息の音が出ないように弱く発音する。

第 6 章　子音の発音

　帯気音の有無が音声知覚に役立つ場合があります。my turn と might earn を発音してみてください。続けて一気に発音すると，音の連鎖としては両方とも /maɪtɚːn/ になり同じです。ところが前者の場合，turn/tʰɚːn/ の語頭子音 /t/ は語頭の位置なので帯気音を伴います。後者では，/t/ は語尾なので帯気音はほとんど伴いません。

　　1-a）It's <u>my turn</u>.
　　1-b）You <u>might earn</u> some money.
　　2-a）This is <u>my train</u>.
　　2-b）It <u>might rain</u> tomorrow.
　　3-a）Look at the <u>grey tape</u>.
　　3-b）It's a story of a <u>great ape</u>.

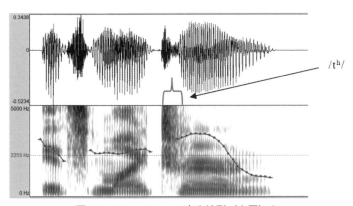

図 6-5　It's <u>my turn</u>. の音声波形（上図）と
スペクトログラム・イントネーション（下図）

　図 6-5 は It's <u>my turn</u>. の音声波形（上図）とスペクトログラム，およびイントネーション（下図）を示しています。この図からも，turn の語頭子音 /t/ に帯気音が伴っていることがわかります。ところが，図 6-6 の <u>might</u> の語尾子音 /t/ は，ほとんど帯気音が伴わないことが見て取れます。

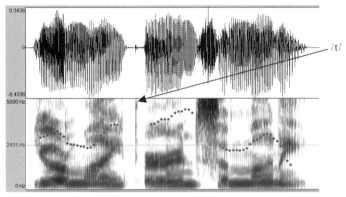

図6-6 You might earn some money の音声波形（上図），
スペクトログラム，イントネーション（下図）

6.3.2.2 有声閉鎖音（voiced stop）/b, d, g/

/b, d, g/ は有声音ですが，語頭や語尾の位置の /b, d, g/ は呼気を「保持」している段階では，ほとんど声帯は振動しないで，呼気の「開放」が始まる直前に有声音化が始まります。この位置の /b, d, g/ は，素早く発音されると十分に有声音化しなかったり無声音化する場合もあります。その場合発音記号は［b̥, d̥, g̊］と表記され，たとえば，best /best/，did /dɪd/，give /gɪv/，tab /tʰæb/，said /sed/，big /bɪg/ となります。

/b, d, g/ は帯気音をほとんど伴わないことが無声音の /p, t, k/ との大きな発音上の相違点です。先ほどと同じようにティシュー・ペーパーの端を手に持って，口の前に垂らし，bed, do, good と発音してみてください。ティシューの揺れがほとんどないことがわかるはずです。

図6-7 は appeal の音声波形，イントネーション，スペクトログラムを示しています。/p/ の発音では最初は両唇を閉鎖し，呼気を保持しますのでスペクトログラムには白い空間ができています。次に /p/ の帯気音が記録され，母音 /iː/ のフォルマントが続き，F2 の変化するあたりから /l/ の発音になっています。

/p/ のような破裂音の破裂が開始してから，次に続く母音の声帯振動の開始（onset）までの時間のことをボイス・オンセット・タイム（**Voice Onset**

Time: VOT）といいます。このVOTの長さはごく短いので、ミリ秒単位で測られますが、人が破裂音を聞いた場合、有声か無声かの知覚判断に影響を与えます。音声知覚実験から、VOTの長さが30ミリ秒以上なら、破裂音は無声音として知覚されないことがわかっています（Ashby & Maidment, 2005, p. 92）。英語の場合、無声破裂音のVOTは長く、帯気音を伴います。有声破

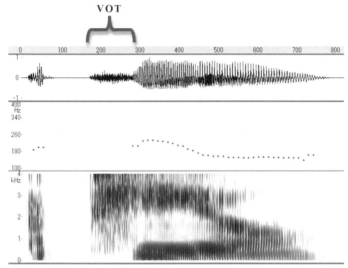

図6-7 "appeal"の音声波形（上図），イントネーション（中図），スペクトログラム（下図）

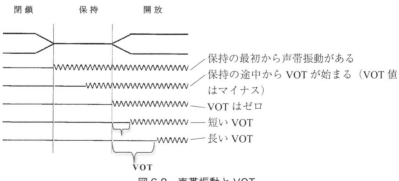

図6-8 声帯振動とVOT
（Ashby & Maidment, 2005, p. 95にもとづく）

裂音では，呼気の開放とほぼ同時か，その前からでも声帯振動が始まります。

上述したように，語尾では /b, d, g/ は普通，声帯はあまり振動しませんので有声音化しません。また，/p, t, k/ が弱音節の最初や強音節の最後に来る場合は，帯気音はごく弱くなります。/b, d, g/ も，破裂はごく弱いので /p, t, k/ として知覚するか /b, d, g/ として聞き取るかは，主にそれぞれの先行母音の長さによって決まります。/p, t, k/ は，その前に来る母音を短くします。前章「母音の発音」の「5.3 母音の長さ」の節でも具体例で見ましたが，/s/ のような音の強い子音は，その前に来る母音を短くする（pre-fortis clipping）という特徴があります。

有声閉鎖音の /b, d, g/ は，語頭や語尾の位置では実際には，ほとんど声帯振動を伴わないため，「有声音」の特徴が希薄になります。声帯振動の有無に注目して無声音，有声音の区別をする以外に，子音の持つ「音の強さ」に焦点を当てて分類する方法もあります。閉鎖音の /p, t, k/，摩擦音の /θ, s, ʃ/，それに破擦音の /tʃ/ は，特にアクセントのある音節内では口腔内の呼気圧を高くして強く発音しますので強子音，あるいは**硬音**（**fortis**）と呼ばれます。これに対して，閉鎖音の /b, d, g/，摩擦音の /ð, z, ʒ/，それに破擦音の /dʒ/ は，発音の際の気管内の呼気圧が比較的弱いために弱子音，あるいは**軟音**（**lenis**）といいます。このように，有声子音が持つ音のエネルギーは比較的弱く，無声子音は強くなります。

6.3.2.3　両唇閉鎖音（bilabial stop）/p, b/

上下の唇が調音点となる音で /p, b/ は**両唇音**（**bilabial**）と呼ばれます。/p, b/ を発音する際には両唇がぴったりと閉じられるため，行き場を失った呼気は，口腔内に一時的に蓄えられ，気道内の圧力が高まります。これが閉鎖の状態です（図6-9）。続いて両唇を一気に開くと，呼気が開放（release）され /p, b/ の音が出ます（図6-10）。呼気が解放されたときに出る息の音は帯気音と呼ばれます。特にアクセントのある音節の最初に来る /p/ には強い帯気音が伴います。有声音の /b/ は，アクセントのある音節の最初の位置でも，無声音の /p/ のような強い帯気音は伴いません。

第 6 章　子音の発音

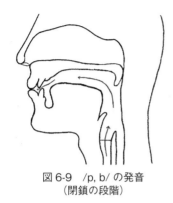

図 6-9　/p, b/ の発音
（閉鎖の段階）

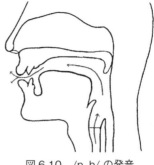

図 6-10　/p, b/ の発音
（開放の段階）

6.3.2.4　歯茎閉鎖音（alveolar stop）/t, d/

/t, d/ を発音する際には，図 6-11 の実線のように，舌は上歯茎にしっかりと接触しています。さらに，軟口蓋の後部，すなわち口蓋垂は咽頭上部の内壁に密着していますので，一時的に完全に，呼気の出口がブロックされます。その後，図 6-11 の点線部のように舌を下げることで，呼気は口腔を通って排出され /t, d/ の発音になります。たとえば，take /tʰeɪk/ のようにアクセントのある語頭音節の最初の /t/ は帯気音を伴います。しかし spring /sprɪŋ/ のように前後に子音がある場合や，beat /biːt/ のような語末の閉鎖音では帯気性は弱まります。/t/ が無声音で，/d/ が有声音です。

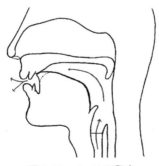

図 6-11　/t, d/ の発音

6.3.2.5 軟口蓋閉鎖音 (velar stop) /k, g/

たとえば kick /kʰɪk/, get /get/ の最初の音です。後舌面を軟口蓋へと持ち上げて発音するので，**軟口蓋音 (velar)** と呼ばれます。まず，後舌面を硬口蓋の後方，軟口蓋が始まったあたりに接触させて，呼気の流れをブロックします（図6-12実線）。次に，舌の位置を下げる（図6-12点線）ことで呼気が開放され /k, g/ の発音になります。軟口蓋は持ち上がっているので，鼻腔には呼気は入りません。/k/ が無声音で，/g/ が有声音です。

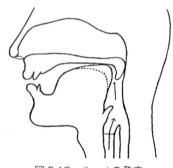

図6-12 /k, g/の発音

6.3.2.6 声門閉鎖音 (glottal stop) [ʔ]

無声の閉鎖音と破擦音（/p, t, k, tʃ/）は普通，声門を開いて発音されますが，その直前に声門を閉じて発音することもあります。声門を閉じた発音になることを**声門（音）化 (glottalization)** といいます。

重い荷物を持ち上げるとき，思わず力が入り一瞬息を止めることがありますが，その際，のどの奥が閉まる感じがします。また，風邪をひいてセキが出る直前にも，のどの奥が一瞬閉まる感覚を経験するでしょう。このとき，声門は閉鎖され，肺からの呼気の流れが一時的にブロックされています。これを**声門閉鎖音 (glottal stop)** といい [ʔ] で表記されます。/p, t, k, tʃ/ を発音する前に，声門で一瞬息を止める要領で発音します。

また，foo<u>tb</u>all, dea<u>dl</u>ine のように，音節をまたいで語中に閉鎖音と別の子音が続いている場合は，最初の閉鎖音は声門閉鎖音として発音されるこ

第6章　子音の発音

とがよくあります。たとえば，football の最初の音節は /t/ という閉鎖音で終わり，次の音節は /b/ という両唇音で始まっています。このように閉鎖音の次に，さらにもう1つ子音が連続する場合は，/t/ は呼気の開放を伴わない（unreleased）閉鎖音となり，声門閉鎖音として /fʊʔ(t)bɔːl/ のように発音されることがあります。cap, cat, kick など語尾の /p/，/t/，/k/ も同様です。

boo<u>k</u>case /bʊʔ(k)eɪs/, ca<u>t</u> /kæʔ(t)/, dead<u>l</u>ine /deʔ(d)laɪn/,
foo<u>t</u>ball /fʊʔ(t)bɔːl/, na<u>t</u>ural /næʔ(tʃ)ɚrəl/, no<u>t</u>ebook /noʊʔ(t)bʊk/,
pi<u>t</u>cher /pɪʔ(tʃ)ɚ/, sear<u>ch</u>ing /sɚːʔ(tʃ)ɪŋ/, se<u>t</u>back /seʔ(t)bæk/

1. A<u>c</u>tually, the wa<u>t</u>er was too ho<u>t</u>.
2. The a<u>c</u>tor was sear<u>ch</u>ing for the ca<u>t</u>.
3. The pi<u>t</u>cher threw a foo<u>t</u>ball.

《発音のポイント：声門閉鎖音 /ʔ/》
football/fʊʔ(t)bɔːl/ の発音
・「フッ」の後，のどの奥で一瞬息を止める。/t/ で息を吐き出さないように。
・ワンテンポ置いた後，「ボール」の /b/ で息を吐く。

6.3.2.7 閉鎖音のまとめ

表 6-1 は，6つの閉鎖音 /p, t, k, b, d, g/ を調音点と無声・有声の違いでまとめたものです。

表 6-1　閉鎖音

	調音点 (place of articulation)		
	両唇音（bilabial）	歯茎音（alveolar）	軟口蓋音（velar）
無声音（硬音）	/p/	/t/	/k/
有声音（軟音）	/b/	/d/	/g/

6.3.3 摩擦音（fricative）/f, v, θ, ð, s, z, ʃ, ʒ, h/

口腔内で2つの調音器官を接近させて狭めを作り，その狭い隙間を呼気が

通過するときに生まれる音です。/f, v, θ, ð, s, z, ʃ, ʒ, h/ がこれにあたります。

/f/	/θ/	/s/	/ʃ/	/v/	/ð/	/z/	/ʒ/
<u>f</u>ace	<u>th</u>ink	<u>s</u>ix	<u>f</u>i<u>sh</u>	<u>v</u>ase	<u>th</u>ese	<u>z</u>ebra	bei<u>g</u>e
/feɪs/	/θɪŋk/	/sɪks/	/fɪʃ/	/veɪs/	/ði:z/	/zi:brə/	/beɪʒ/

1. Look at <u>th</u>e <u>f</u>a<u>c</u>es o<u>f</u> <u>th</u>e<u>s</u>e <u>z</u>ebra<u>s</u>.
2. I <u>th</u>ink bei<u>g</u>e is <u>th</u>e most popular color in <u>th</u>is <u>s</u>eason.
3. <u>S</u>ix <u>f</u>i<u>sh</u> were <u>s</u>wimming in <u>th</u>e <u>v</u>ase.

たとえば歯茎音の /s/ 音ですが，舌尖や舌端を上歯茎に近づけて，呼気の通過する道を狭めて発音します。試しに /sss.../ と長く発音した後，口の形はそのままにして勢いよく息を吸い込んでみてください。歯茎の中央部のみ冷たく感じるはずです。上あごの両側は，舌の両端によってブロックされていますが，口腔の中央部の狭い空間を呼気が通過するときに /s, z/ 音が出ます。次に，/sss.../ と発音しながら徐々に舌を上歯茎から下げてみてください。「スー」という音が止まるはずです。これは，呼気の通る通路が広くなったために，摩擦する音が出なくなったからです。/f, θ, s, ʃ, h/ は**無声摩擦音**（**voiceless fricative**）で，/v, ð, z, ʒ/ は**有声摩擦音**（**voiced fricative**）です。

6.3.3.1 唇歯摩擦音（labiodental fricative）/f, v/

/f, v/ を発音するときは，図 6-13 のように上歯を下唇に軽く当てます。舌を噛むのではなく添える感じで上歯を置き，下唇との狭い隙間から勢いよく呼気を吐き出します。これを**唇歯音**（**labiodental**）といいます。

/f, v/					
<u>f</u>ace	<u>v</u>ase	sa<u>f</u>er	sa<u>v</u>er	lea<u>f</u>	lea<u>v</u>e
/feɪs/	/veɪs/	/seɪfɚ/	/seɪvɚ/	/li:f/	/li:v/

1. It's safer to leave the vase as it is.
2. Five from twelve leaves seven.
3. The fifth street was full of fallen leaves.

摩擦の音はそれ程大きくはなく，特に /v/ は弱い音です。

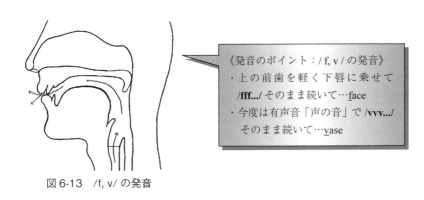

《発音のポイント：/ f, v / の発音》
・上の前歯を軽く下唇に乗せて
 /fff.../ そのまま続いて…face
・今度は有声音「声の音」で /vvv.../
 そのまま続いて…vase

図6-13　/f, v/ の発音

6.3.3.2　歯摩擦音（dental fricative）/θ, ð/

これらの音は舌尖を上前歯の裏に軽く当てて発音するので，歯音（dental）と呼ばれています（図6-14a）。あるいは，舌の先端を上前歯に添えながら，上下の歯の間に少し突き出すようにして発音することもできます（図6-14b）。この場合は歯間音（interdental）と呼ばれます。アメリカ英語では歯間音として発音するより，歯音の方が一般的です（Celce-Murcia et al., 2010, p. 82）。

/θ/
think, athlete, bath
thank, method, mouth
/ð/
these, father, bathe
there, mother, breathe

《発音のポイント：/θ/ の発音》
・語頭では，舌を上下の歯の間に
 軽く挟んで…/θθθ.../
 そのまま続いて…think
・語中では，舌の先を上歯の裏側
 に軽く当てて…/θθθ.../ athlete

133

1. I think these athletes are too thin.
2. Beth bought a new bath tub worth three thousand dollars.
3. My mother and father are going south after Thanksgiving this year.

「舌先を上下の歯に挟んで」という発音指導は学習者にはわかりやすいのですが，舌先を噛んで発音しようとすると，athlete, father のような語中の /θ, ð/ はかえって発音しにくくなってしまいます。

　図 6-14a, 6-14b からわかるように，軟口蓋の後部は咽頭上部の内壁に密着していますので，鼻腔からの出口がブロックされた呼気は，舌と歯の隙間から放出されます。/θ, ð/ は日本語にない子音ですが，世界中の言語の中で見ても，この英語の歯音は，特異な発音の仕方をする音といわれています。摩擦の音それ自体はあまり強くはありません。/θ/ は無声音で，/ð/ は有声音です。

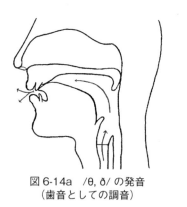

図 6-14a　/θ, ð/ の発音
（歯音としての調音）

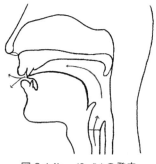

図 6-14b　/θ, ð/ の発音
（歯間音として調音）

　日本人の英語学習者は /θ/, /ð/ を，それぞれ /s/, /z/ に置き換えて発音しがちなので，特に最初は上記「発音のポイント」で発音の要領を意識して練習する必要があります。

/f/ と /θ/

　両方とも日本語にはない摩擦音です。英語の /f/ は，上前歯を軽く下唇に乗せる感じで，歯と唇の狭い隙間から勢いよく息を出します。

　これに対して日本語の「フ」の始めの音は，上下の唇が接近して，そこで摩擦が起きて生じる音になります。ロウソクの火を消すときに言う「フー」をイメージすればよいでしょう。これは上下の唇が接近して，そこで摩擦が起きて生じる音です。この音は両唇摩擦音と呼ばれ，［Φ］という発音記号で表されます。英語の /f/ とは異なって歯と唇が接触しないことを確認してください。

　/θ/ は，舌の先を上歯の裏側に軽く接触させて息を出します。「舌先を噛んで」発音しようとすると，息の逃げ場がなくなり閉鎖の圧力が高まるので閉鎖音の発音になってしまうことがあります。"though" が「舌を噛みすぎて」/tóːt/ にならないように注意してください。

6.3.3.3　歯茎摩擦音（alveolar fricative）/s, z/

　舌端あるいは舌尖を，上歯茎に接触するぐらいに近づけて勢いよく呼気を出します。日本語の「サ」や「ザ」の最初の子音より，摩擦性が強いのでノイズが大きく感じられます。

/s/			/z/		
some	essay	pass	zoo	easy	noise
smile	pencil	ice	zebra	husband	gaze

1. She wrote some essays with a pencil.
2. It is easy to surprise the zebras.
3. My husband didn't know the zoo closed at six.

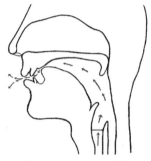

図 6-15 /s, z/ の発音

6.3.3.4 後部歯茎摩擦音（post-alveolar fricative）/ʃ, ʒ/

　図 6-16 のように舌尖と舌端を上歯茎の後方に接触するぐらいにまで近づけます。同時に，前舌面も硬口蓋の方へと持ち上げます。たとえば，fish /fɪʃ/，shirt /ʃɚːt/ などの /ʃ/ と vision /vɪʒən/，beige /beɪʒ/ などの /ʒ/ がこの摩擦音です。英語では /ʒ/ は語頭や語尾の位置には，ほとんど現れません。語尾に /ʒ/ が付くのは beige，garage，prestige，rouge などのフランス語からの借用語（loanword）です。/ʃ/ は無声音で，/ʒ/ は有声音です。

/ʃ/				/ʒ/	
ship	Russia	English	—	usual	beige
shut	dictionary	dish	—	conclusion	garage

1. Look at the beige Russian ship.
2. We came to the conclusion that the shop should be shut down.
3. She usually uses her English dictionary.

第6章 子音の発音

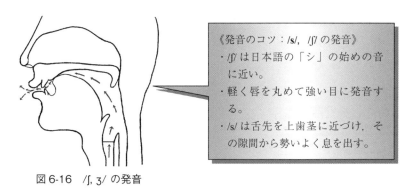

図6-16 /ʃ, ʒ/ の発音

《発音のコツ：/s/, /ʃ/ の発音》
・/ʃ/ は日本語の「シ」の始めの音に近い。
・軽く唇を丸めて強い目に発音する。
・/s/ は舌先を上歯茎に近づけ，その隙間から勢いよく息を出す。

/s/ と /ʃ/

/s/ は舌先を上歯茎に近づけ，その隙間から勢いよく息を出します。日本語の「サ」の最初の子音よりずっと強い音です。/ʃ/ は舌端を上歯茎の後方に近づけ，その隙間から勢いよく息を出す音です。/ʃ/ は /s/ より，舌の位置がやや後方です。日本人学習者の中には /s/ と /ʃ/ を混同して，sea /siː/ を /ʃiː/ と発音する人が比較的多いので，注意が必要です。

6.3.3.5 声門摩擦音（glottal fricative）/h/

声門の狭い隙間を呼気が通過するときにできる音が /h/ で，この音は摩擦音に属します。寒いときに手に息を吹きかける「ハー」の音です。語頭の /h/ は次に来る母音の音色を帯びる比較的弱い音です。behind /bɪhaɪnd, bə-/ のように /h/ が語中に来て母音に挟まれる場合には，やや有声音化されて息混じりの音の**気息音（breathy voice）**になり精密表記では [ɦ] の発音記号で表記されます。

hot	behind	1. Look at the horse ahead of us.
heat	ahead	2. You should know how to behave yourself.
horse	behave	3. Perhaps the horse got tired because of the summer heat.
how	perhaps	

6.3.3.6　摩擦音のまとめ

　摩擦音には /f, v, θ, ð, s, z, ʃ, ʒ, h/ の9種類があり，表6-2に示されるように5種類の異なる調音点で分類されます。これらの摩擦音の中でも /s, z, ʃ, ʒ/ は，呼気が舌の中央部がくぼんでできた溝を通過した後，上前歯の裏側にあたり，息の流れが大きく阻害されて生じる音で，**歯擦音**（**sibilant**）と呼ばれます。次のセクションで詳しく見る /tʃ, dʒ/ も摩擦性が強いので歯擦音に属します。

　閉鎖音は継続性のない一度きりの音ですが，摩擦音は息の続く限り発音を続けることができますので，**継続音**（**continuant**）と呼ばれます。摩擦音の他に，鼻音の /m/，/n/，/ŋ/ と接近音の /l/，/r/，/w/，/j/ も継続音です。

　摩擦音を調音点の違いでまとめると表6-2のようになります。

表6-2　摩擦音のまとめ

	調音点（place of articulation）				
	唇歯音 (labiodental)	歯音 (dental)	歯茎音 (alveolar)	後部歯茎音 (post-alveolar)	声門音 (glottal)
無声音（硬音）	/f/	/θ/	/s/	/ʃ/	(/h/)
有声音（軟音）	/v/	/ð/	/z/	/ʒ/	

　注　声門摩擦音の /h/ は，他の硬音と比べると音は強くないので（　）付きで示しています。

6.3.4　後部歯茎破擦音（**post-alveolar affricate**）/tʃ, dʒ/

　図6-17のように前舌面を硬口蓋に向かって持ち上げ，舌尖と舌端を歯茎の後方（硬口蓋の手前）あたりに押し当てます。ここで閉鎖音と同じように呼気の「閉鎖」の段階から始まり，「保持」，「開放」へと進みます。ただし閉鎖音ほど調音器官は急に離れることはないので，呼気はゆっくり開放され，最後は鋭い音色の「シュー，ジュー」という音（hissing sound）になります。このように破裂音（閉鎖音）と同じように始まりながら，摩擦音と同じように終わる音を**破擦音**（**affricate**）といいます。/tʃ/ は無声音，/dʒ/ は有声音です。

第6章　子音の発音

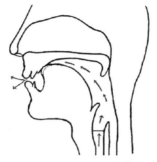

図6-17　/tʃ, dʒ/ の発音

/tʃ/			/dʒ/		
check	pitcher	match	Japan	rigid	age
/tʃek/	/pɪtʃɚ/	/mætʃ/	/dʒəpæn/	/rɪdʒɪd/	/eɪdʒ/
church	watching	coach	judge	legion	bridge
/tʃɚːtʃ/	/wɑtʃɪŋ/	/koʊtʃ/	/dʒʌdʒ/	/liːdʒən/	/brɪdʒ/

1. The pitcher checked the rigid baseball rules of Japan.
2. Look at the aged judge over the bridge.
3. The coach enjoyed watching the match.
4. Not all the judges visited the church.

これらの音はすべて舌を歯茎の後方に近づけたり (/ʃ, ʒ/)、接触させたり (/tʃ, dʒ/) して発音するため、**後部歯茎音**（**post-alveolar**）といいます。後で見る /r/ もこれに属します。

閉鎖音の /t, d/ では呼気の開放が一瞬のうちに起こりますが、/tʃ, dʒ/ の場合は最初、舌尖を上歯茎（閉鎖音の /t, d/ よりは、やや後方）に接触させ、すぐに舌尖を少し下げることで、呼気が舌端と上歯茎との隙間を通過します。この際、呼気の開放がゆっくりと行われ、破裂の直後に摩擦の音が生じます。発音記号は /t/ と /ʃ/、/d/ と /ʒ/ のそれぞれ2つから成りますが、1つの音素です。このように直後に摩擦を伴う閉鎖音を破擦音と呼び、/tʃ/ と /dʒ/ が

これにあたります。/tʃ/, /dʒ/ は両方とも唇の丸めを伴います。

　以上の閉鎖音，摩擦音，破擦音は調音器官によって呼気の流れがいったん遮断されたり，狭窄部を通過したりして，いわば厳しい妨げを受けるので，阻害音と呼ばれます。これに対し，次にあげる鼻音，流音，半母音は呼気の流れは大きな妨げを受けず，聞こえも比較的大きいので共鳴音といいます。

/ʒ/ と /dʒ/

　この2つの子音はよく似た音ですが，両者の一番の違いは，/ʒ/ は摩擦音なので /ʒ…/ と息の続く限り継続して発音できるのに対して，/dʒ/ は破擦音ですので同じような継続性はなく一回限りの音です。また，/ʒ/ では舌端が，上歯茎の後方に近づきますが接触はしません。その際，その隙間を呼気が通過するときに生じる音です。/dʒ/ では舌尖を，上歯茎の後方に接触させた後，素早く下げることで破裂の直後に摩擦の音が生じます。したがって，/dʒ/ では最初に呼気が閉鎖される瞬間があるため，少し詰まったようにも聞こえます。

/ʒ/	/dʒ/
plea<u>s</u>ure /pleʒɚ/	pledger /pledʒɚ/
le<u>s</u>ion /liːʒən/	legion /liːdʒən/

《発音のコツ：/ʒ/, /dʒ/ の発音》
・/ʃʃʃ…/ と続けて言ってください。
・次にそのまま声の音を出して /ʒʒʒʒ…/ と言います。
・/ʒ/ では舌は上歯茎の後方に近づけますが，接触しないように。
・/dʒ/ では舌尖を一瞬，上歯茎の後方に接触させます。

6.3.5 接近音（approximant）/l, r, w, j/

　/l, r, w, j/ の4つ子音を発音する際，調音器官どうし接近するものの，ある程度の間隔は保たれるため，**接近音（approximant）**と呼ばれます。

6.3.5.1 側面接近音（lateral approximant）/l/, 　　　　後部歯茎接近音（post-alveolar approximant）/r/

　/l/ を発音する際，舌尖を歯茎にしっかりと接触させますが，舌の両側は上あごに接していません。したがって，呼気は舌の左右両側の隙間を通過

第6章　子音の発音

（図6-18）するので，**側面接近音**（**lateral approximant**）と呼ばれます。その際，呼気の通り道は狭いものの，摩擦が生じるほどではありません。日本語にはこのような側面接近音はありません。**半母音**（**semivowel**）とも呼ばれる /w/，/j/ も接近音です[1]。

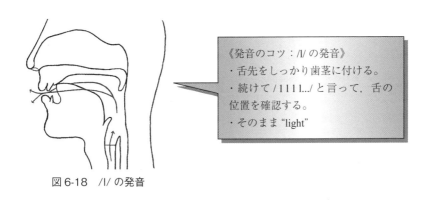

図6-18　/l/ の発音

米音の /r/ は，図6-19のように前舌面を上歯茎に向かって持ち上げ，舌を反り返し気味に発音するので，**反転音／反り舌音**（**retroflex**）と呼ばれます。舌を決して上歯茎に接触させないのがポイントです。その際，呼気が調音器官による妨げが少なく自由に通るので /r/ も接近音と呼ばれ**後部歯茎接近音**（**post-alveolar approximant**）といいます。米音の場合，特に red, rich などの語頭音の /r/ は，舌尖を上方へと反らせて，**反り舌接近音**（**retroflex approximant**）として発音します。反り舌接近音は IPA では［ɻ］で表します。ただし極端に舌を丸めて発音すると /w/ の音が入るため注意が必要です。

英音の場合は普通，舌をあまり反らさず上方に持ち上げるため，歯茎付近で狭めが生じますが，米音と同様に舌先はどこにも接触しません。あいまい母音 /ə/ や，たとえば earn/ɜːn/（英音）の母音 /ɜː/ に似た音の響きになります（第1章，表1-1　母音の発音記号を参照）。/r/ の音を表すのに IPA では /r/ を逆さまにした［ɹ］という発音記号を使います。

141

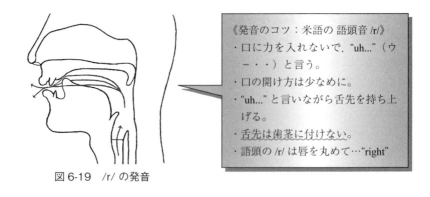

図6-19 /r/ の発音

	/l/		/r/		
<u>l</u>emon,	pa<u>l</u>ace,	too<u>l</u>	<u>r</u>ich,	ve<u>r</u>y,	―
<u>l</u>augh,	b<u>l</u>ock,	app<u>le</u>	<u>r</u>ed,	co<u>rr</u>ect,	―
<u>l</u>eave,	ye<u>ll</u>ow,	hi<u>ll</u>	<u>r</u>oad,	mi<u>rr</u>or	―

<u>r</u>aft – <u>l</u>aughed,   <u>r</u>ush – <u>l</u>ush,   <u>r</u>ate – <u>l</u>ate,   <u>r</u>ed – <u>l</u>ed,   <u>r</u>ice – <u>l</u>ice,
<u>r</u>ight – <u>l</u>ight,   <u>r</u>id – <u>l</u>id,   <u>r</u>est – <u>l</u>est,   <u>r</u>eef – <u>l</u>eaf,
a<u>rr</u>ive – a<u>l</u>ive,   b<u>r</u>ight – b<u>l</u>ight,   c<u>r</u>ash – c<u>l</u>ash,   f<u>r</u>y – f<u>l</u>y,
g<u>r</u>ew – g<u>l</u>ue,   pi<u>r</u>ate – pi<u>l</u>ot,   p<u>r</u>ay – p<u>l</u>ay

1. At any <u>r</u>ate you should t<u>r</u>y not to be <u>l</u>ate.
2. Go <u>r</u>ight and c<u>l</u>imb the hi<u>ll</u> on the <u>l</u>eft.
3. My favo<u>r</u>ite co<u>l</u>ors are <u>r</u>ed, ye<u>ll</u>ow, b<u>l</u>ue, b<u>l</u>ack, and g<u>r</u>ay.
4. <u>L</u>au<u>r</u>a wants to be a bank te<u>ll</u>er and <u>L</u>a<u>rr</u>y a <u>l</u>awyer.

　日本人が苦手な発音の代表として，よく取り上げられるのが /r/ と /l/ です。苦手とされるのは，英語の /r/, /l/ は日本語の「ラ」の最初の子音と似ているものの，実際には異なる音だからです。
　図6-20 は日本語の「ラ行」音の最初の子音を発音する際の舌の形などを表した図です。日本語で「ラ，リ，ル，レ，ロ」と連続して発音してみてく

ださい。この音は舌先で歯茎の後方をポンと一度弾く音で**弾音（flap）**と呼ばれています。舌先はいったん上歯茎に接触しますが，すぐに元の位置に下がります（図6-20）。弾音は一回きりの音ですので，英語の /r/, /l/ のように継続して発音することができないのが大きな特徴の1つです。英語の /r/ 音は舌先が上歯茎に接触しない反転音であるのに対して，英語の /l/ は舌先が上歯茎に接触して発音される音です。英語の /l/ は日本語の「ラ」行音より舌先が上歯茎に接触する位置は前寄りで，日本語の「ラ」行の語頭音のように歯茎から舌先をすぐに離すのではなくて，ゆっくり離すように発音します。日本語の「ラ」行音は，どちらかというと英語の /r/ より /l/ に似た発音になります。

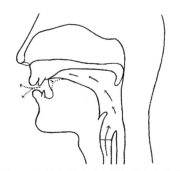

図6-20　日本語の「ラ行」子音の発音

　一般的に日本人は英語の /r/, /l/ を発音するとき，日本語の「ラ行」音で代用してしまいます。発音上の区別をよく理解した上で，さらに音声を聞いて発音練習をする方がその違いを認識しやすいと思われます。

2種類の "l"

　/l/ は前後の環境によって音色が異なります。イギリス英語では，lip /lɪp/, leaf /liːf/ や familiar /fəmɪljɚ/ のように，語頭の位置や，後に母音や /j/ が続く場合には舌尖は上歯茎に接触し，前舌面が歯茎後方の硬口蓋に向かって持ち上がり後舌面は下がります。このとき，母音の /i/ に似た，比較的明るく澄

んだ前舌母音のような響きの音になるので，明るい響きの **"1"**（**clear"1"**）と呼ばれます。

milk /mɪlk/ のように /l/ のあとに子音がきたり，ball /bɔːl/ のように /l/ が語尾の位置に来て後にポーズがある場合は，図 6-21 のように，舌尖は上歯茎に接触しながら，後舌面が上あご奥の軟口蓋に向かって持ち上がります。その際，比較的暗くて，こもった感じの音になるので，**暗い響きの "1"**（**dark"1"**）と呼ばれます。舌尖の上歯茎への接触がやや弱くなり，舌の構えが母音の［ɯ］に近くなるため，後舌母音の響きを持ちます。先行する前舌母音の /ɪ/ も，口腔内のやや後ろ寄りで発音されます。したがって，この暗い響きの "l" を，［ɯ］のつもりで発音すると，むしろ実際の音に近く聞こえることがあります。たとえば milk /mɪlk/ は /mɪɯk/ のように，film /fɪlm/ は /fɪɯm/ と発音すると暗い響きの "l" に近くなります。この**軟口蓋化**（**velarized**）した /l/ 音は［ɫ］の記号で表記されます。

語尾の /l/ の前に子音が来るときには，この暗い響きの "1" は成節音になり，［ɫ̩］と表記されます。たとえば，final /faɪnɫ̩/ や fiddle /fɪdɫ̩/ になります。

アメリカ英語では，母音の前でも暗い響きの "1" を使う傾向があります。明るい響きの "1" は後に母音や /j/ が続く場合にしか起こりませんし，暗い響きの "1" は，後に子音がくるか，あるいは語尾の位置で後にポーズがある場合にしか起こりません。このように音がお互い重複しない異なる音声環境で生じているとき，それぞれの音は**相補（的）分布**（**complementary distribution**）をなしているといいます。すなわち，一方の音が現れれば他方は現れない現象のことです。また，これら 2 つの "1" の音は，音素 /l/ の異音です。

以上のように，/l/ と /r/ には様々な異音が含まれますが，これらを総称して**流音**（**liquid**）と呼びます。

第 6 章　子音の発音

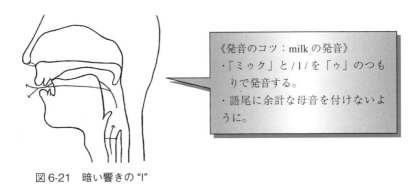

《発音のコツ：milk の発音》
・「ミゥク」と /l/ を「ゥ」のつもりで発音する。
・語尾に余計な母音を付けないように。

図 6-21　暗い響きの "l"

clear "l"　lead /liːd/, leaf /liːf/, loud /laʊd/, low /loʊ/（語頭；母音の前）
　　　　　blink /blɪŋk/, clear /klɪɚ/, follow /fɑloʊ/, timely /taɪmli/（母音の前）

dark "l"　bell /bel̴/, cool /kuːl̴/, fill /fɪl̴/, mile /maɪl̴/（語尾；ポーズの前）
　　　　　final /faɪnl̴/, fiddle /fɪdl̴/（語尾；子音の後, ポーズの前）
　　　　　belt /bel̴t/, fault /fɔːl̴t/, film /fɪl̴m/, milk /mɪl̴k/,
　　　　　all men /ɔːl̴men/（子音の前）

1. The jar was filled with milk.
2. All men made a timely arrival.
3. It was a blockbuster film.

6.3.5.2　両唇軟口蓋接近音（labia-velar approximant）/w/, 硬口蓋接近音（palatal approximant）/j/

/w/ はたとえば，wind の語頭音で母音の /u/ に近い音ですが，日本語の「ウ」の構えで唇を思い切り丸めて突き出し，その緊張をすぐ開放して次の母音の発音に移っていく要領で発音します。日本語の「ウ」は継続して発音できますが，/w/ は後続母音までの一瞬の音です。語頭の /w/ と /r/ は音の響きとしては非常によく似ていますが，/r/ では舌を上あごに向かって持ち上げる点を意識する必要があります。

　語頭子音の /w/ は，かなりの**唇の丸め**（**protrusion**）を伴って発音されま

す。日本語では「オ」以外，唇の丸めを伴う円唇音はありません。日本人の英語学習者が work と発音したつもりが，英語母語話者に oak と聞き間違えられていたケースがありました（Yamane, 2006）。これは work の語頭を日本語の「ウ」で置き換えたために，/w/ が発音されていなかったからだと考えられます。

　語中の /w/ も唇の丸めを伴って発音されます。swim/swɪm/，quick/kwɪk/ のように語中に /w/ が来る場合でも，最初の子音を発音するときから唇を丸めるようにすると /sw-/，/kw-/ の子音連鎖を余計な母音を挟まないで発音できます。

wear, win, work, woman,
swim, quick

《発音のポイント：/w/ の発音》
・日本語の「ウ」の構えで唇を思い切り丸めて突き出して…
/www.../
・そのまま続いて…work, win...

1. The woman I am working with won a lottery.
2. The new swimwear quickly came into fashion.

　/j/ はたとえば，yes /jes/ や yacht /jɑt/ などの語頭の音です。/j/ は前舌部を持ち上げて硬口蓋に近づける音で**硬口蓋接近音（palatal approximant）**といいます。前舌母音で閉母音の /iː/ と同じような舌の構えで発音されますが，すぐに後続母音に舌の構えが変化していきます。

ear /ɪɚ | ɪə/　　year /jɪɚ | jɔː/
east /iːst/　　　yeast /jiːst/
s /es/　　　　　yes /jes/

/j/ と /w/ は調音方法，響鳴性などの点で母音と共通する点が多いため，以前はよく**半母音**（**semivowel**）という用語が使われていましたが，最近では**接近音**（**approximant**）の方がよく使われます（Brown, 2014, p. 51）。

/j/, /w/ は母音と共通する点が多いものの，これらの音の後には母音が来ること，また単独で音節を形成しないこと，さらには，/j/, /w/ の前にくる不定冠詞には a を使い（たとえば a yacht, a way），定冠詞の the （たとえば the yacht, the way）は /ðə/ と発音されることからも，/j/, /w/ は子音として分類されることがわかります。発音開始時の舌の位置は /j/ は /i/，/w/ は /u/ にそれぞれ近いのですが，発音と同時に後続母音の発音の構えに移っていきます。このような移行的な性格から，**わたり音**（**glide**）とも呼ばれます。

/l, r, j, w/ の前が無声閉鎖音の /p, t, k/ の時には，先行音の影響を受けて /l, r, j, w/ は，無声摩擦音の発音になり［l̥, r̥, j̥, w̥］と表記します。

/j/   /w/

you /juː/   year /jɪɚ/（米） /jəː/（英）

yacht /jɑt/   tune /tjuːn/   wind /wɪnd/   quick /kwɪk/

上記の説明をまとめると以下のようになります。

接近音（approximant）＜　流音（liquid）　/l, r/
　　　　　　　　　　　　わたり音（glide）/j, w/

音節の最初の位置で，/r/ の前に無声閉鎖音の /p, t, k/ がきた場合には，先行音の影響を受けて，/r/ は無声音になります。たとえば，pride, tree, cream の /r/ は，それぞれ呼気の勢いの強い無声音である先行音 /p/, /t/, /k/ の影響を受けて無声音として発音されることになります。

6.3.6 鼻音（nasal）/m, n, ŋ/

鼻音には /m, n, ŋ/ の3種類があります。「6.3.1　口音と鼻音」の節でも説

明しましたが，他の子音や母音の発音とは異なって，軟口蓋が下がることによって鼻腔から呼気が排出されるのが鼻音の特徴です。鼻音は呼気が続く限り発音できる継続音で，通常は有声音です。

6.3.6.1　両唇鼻音（bilabial nasal）/m/

図 6-22 のように両方の唇をしっかり閉じて，口からの呼気が出ないようにします。同時に，軟口蓋が下がり鼻腔から呼気が流れ出ます。日本語の「マ行」の最初の子音と同じ発音ですが，英語では語尾に /m/ が来るときも唇をしっかり閉じる必要があります。

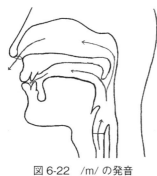

move, summer, some
money, complain, warm
meet, remember, team

図 6-22　/m/ の発音

6.3.6.2　歯茎鼻音（alveolar nasal）/n/，軟口蓋鼻音（velar nasal）/ŋ/

/n/ と /ŋ/ は，両方とも鼻音という点では共通しています。しかし，両者は調音点が異なります。たとえば，sin /sɪn/ の /n/ は舌先（舌尖や舌端）を上歯茎に接触させて発音する歯茎音で，sing /sɪŋ/ の /ŋ/ は後舌を軟口蓋に接触させる軟口蓋音です。

/n/ では，舌先は上歯茎にしっかりと接触させるため，口腔からの呼気の出口は完全にブロックされています。そのため，呼気は鼻腔から外に出ることになります（図 6-23）。たとえば fan /fæn/ のように，語尾に /n/ がきた場合，日本人学習者は舌の接触がルーズになりがちなので注意が必要です。英語母語話者のゆっくりとした発音では，この /n/ の語尾発音がしっかりして

いるために「ファンヌ」にように聞こえることがあります。

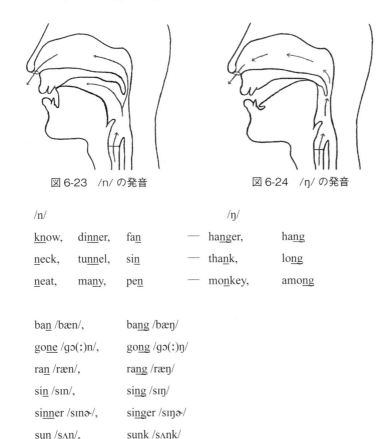

図 6-23　/n/ の発音　　　　　図 6-24　/ŋ/ の発音

/n/　　　　　　　　　　　/ŋ/

know,　dinner,　fan　　—　hanger,　hang

neck,　tunnel,　sin　　—　thank,　long

neat,　many,　pen　　—　monkey,　among

ban /bæn/,　　　　bang /bæŋ/

gone /gɔ(:)n/,　　gong /gɔ(:)ŋ/

ran /ræn/,　　　　rang /ræŋ/

sin /sɪn/,　　　　 sing /sɪŋ/

sinner /sɪnɚ/,　　singer /sɪŋɚ/

sun /sʌn/,　　　　sunk /sʌŋk/

　日本人の英語学習者の中には，/ŋ/ の発音を苦手としている人を比較的多く見かけます。この音の調音点は /k/, /g/ と同じで，図 6-24 のように後舌面が軟口蓋に接しています。/k/, /g/ と異なる点は，/ŋ/ では軟口蓋が下がって呼気が鼻腔を通って鼻から出される点です。

　/ŋ/ は他の鼻音の /m, n/ とは違って，語頭の位置には現れません。語中では，その後に /g/ を伴う場合と伴わない場合があります。たとえば，singer /sɪŋɚ/ では /ŋ/ の後には /g/ は伴いませんが，anger /æŋgɚ/ では /g/ が後に続

きます。singer という語は語幹の sing- と，接尾辞の -er との2つに区分することかできます。このように意味を持つ最小の言語単位のことを**形態素**（**morpheme**）といいます。singer のように形態素に分割することのできる語の場合は，/ŋ/ の後には /g/ は伴いませんが，anger/æŋgɚ/ のようにそれだけで1つの意味を持つ語の場合は /g/ が続きます。ただし，接尾辞が比較級，最上級を示す -er，-est の場合は，この規則は当てはまりません。longer は long- と -er の2つの形態素で構成されていますが，発音は /lɔːŋgɚ/ になります。

/ŋ/

ha<u>ng</u> /hæŋ/, ha<u>ng</u>er /hæŋɚ/, si<u>ng</u> /sɪŋ/, si<u>ng</u>er /sɪŋɚ/, ra<u>ng</u> /ræŋ/, ri<u>ng</u> /rɪŋ/, ri<u>ng</u>ing /rɪŋɪŋ/, thi<u>ng</u> /θɪŋ/, to<u>ng</u>ue /tʌŋ/

/ŋ/+/g/

a<u>ng</u>er /æŋgɚ/, a<u>ng</u>le /æŋgl̩/, fi<u>ng</u>er /fɪŋgɚ/, hu<u>ng</u>er /hʌŋgɚ/, lo<u>ng</u>er /lɔːŋgɚ/

1. The si<u>ng</u>er no lo<u>ng</u>er si<u>ng</u>s love so<u>ng</u>s.
2. Don't ha<u>ng</u> around doing silly thi<u>ng</u>s.
3. E<u>ng</u>lish is the si<u>ng</u>er's native to<u>ng</u>ue.

6.4　3つの観点から見た子音の発音

　ここまで，子音の発音を3つの観点から見てきましたので，それぞれで説明の重複するところもありました。ここで少しまとめることにします。まず，有声・無声の区別から，英語の子音を大きく2つに分けました。次に，調音点の観点から，両唇音，唇歯音，歯音，歯茎音，後部歯茎音，硬口蓋音，軟口蓋音，声門音に分類しました。さらに，調音方法の視点から閉鎖音，摩擦音，破擦音，鼻音，接近音に分類しました。

たとえば，/v/ の音を 3 つの観点から見てみます。この音は声帯振動を伴うので有声音です。調音点は唇歯音で，調音方法は摩擦音になります。したがって /v/ は有声唇歯摩擦音（voiced labiodental fricative）とラベル付けができます。英語の子音はすべてこのようにラベル付けをして分類することが可能です。

次の表 6-3 は調音方法（manner of articulation）と調音点（place of articulation）の観点から英語のすべての子音を分類したものです。また，それぞれの子音は有声・無声の区分も示しています。たとえば /p/ は無声音で，調音方法では閉鎖音，調音点は両唇音です。

6.5 つながる子音

6.5.1 子音連鎖

speak /spiːk/, district /dɪstrɪkt/, next /nekst/ のように，語頭，語中，語尾の位置で 2 つ以上の子音がつながって現れることがよくあります。このような子音連続のことを**子音連鎖（consonant cluster）**といいます。

英語は，子音連鎖が日本語より多く見られる言語ですが，子音が 3 つ以上続くときの発音は，英語母語話者にとっても発音しづらくなります。そのため，子音連鎖は単純化して発音される傾向があります。たとえば，facts /fækts/ の語尾 3 子音連鎖は，中央の子音が脱落して /fæks/ のような発音になります。Celce-Murcia et al.（2010, p. 100），Cruttenden（2014, p. 314）では，3 つ，4 つの子音が連続した場合は中央の子音（middle consonant）が脱落するとしています。たとえば，exactly /ɪgzæktli/ では，語中に /ktl/ と 3 子音が連続しますが，中央の /t/ が脱落して，/ɪgzæk(t)li/ になることがあります。さらに，くだけた会話では語頭音の /ɪ/ や /g/ も省略されて /gzækli/，/zækli/ になることもあります。以下は，実際に話しことばで起こりうる子音脱落例です。

exactly /ɪgzæk(t)li/, facts /fæk(t)s/, hands /hæn(d)z/,

151

表 6-3 英語の音素（子音）

調音法 (manner of articulation)	調音点 (place of articulation)							
	両唇音 (bilabial)	唇歯音 (labiodental)	歯音 (dental)	歯茎音 (alveolar)	後部歯茎音 (post-alveolar)	硬口蓋音 (palatal)	軟口蓋音 (velar)	声門音 (glottal)
閉鎖音 (stop)	/p/ /b/			/t/ /d/			/k/ /g/	
摩擦音 (fricative)		/f/ /v/	/θ/ /ð/	/s/ /z/	/ʃ/ /ʒ/			/h/
破擦音 (affricate)					/tʃ/ /dʒ/			
鼻音 (nasal)	/m/			/n/			/ŋ/	
側音/接近音 (lateral approximant)				/l/				
接近音 (approximant)	/w/					/j/	(/w/)	

152

kindness /kaɪn(d)nəs/, sandwich /sæn(d)wɪtʃ/

語頭での子音連鎖

　語頭の位置には，3つまで子音が連続することが可能です。語頭での3子音連鎖は /s/ で始まり，それに続く子音は /p, t, k/ しかなく，3番目の子音は接近音の /l, r, w, j/ です。以下の組み合わせがあります。なお，この場合の無声閉鎖音の /p, t, k/ は帯気音を伴いません。語頭での子音の組み合わせを図式化したものが図6-25です。また，基本的には語頭での3子音連鎖において子音が脱落することはありません。

/spl-/,　　/spr-/, /spj-/, /str-/, /stj-/, /skl-/,　　/skr-/, /skw-/ /skj-/
splendid,　spring, spew, street, stew, sclerosis, screen, square, skew

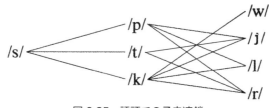

図6-25　語頭での子音連鎖
Prator & Wallace（1984）にもとづく

　子音連鎖の中には「あり得ない」組み合わせもあります。たとえば，"bnick" のように，/b/ の後に /n/ が続くという子音連鎖は英語では存在しません。日本人の英語学習者の中には，see を「シー」と発音してしまい，see と she を区別するのが苦手な人がいます。これは，日本語には子音 /s/ と母音 /iː/ という音の連鎖が存在しないからです。同様に，magazine /mǽɡəziːn/ を「マガジーン」と言ったり，busy /bízi/ を「ビジー」と言う日本人学習者が多いのは，/zi(ː)/ という子音と母音の連鎖パターンが日本語にはないからです。/zi/「ズィ」/si/「スィ」/ti/「ティ」/tu/「トゥ」は本来，日本語にはない音の組み合わせです。どの言語にもこのような音の連続に制約があり，これを**音素配列制約（phonotactic constraint）**といいます。

語尾での子音連鎖

3つの子音が語尾で連続するのは次の場合です。

1）閉鎖音で始まる

/-pst/　lapsed,　/-dst/　midst,　/-kst/　text;　next,　/-ksθ/　sixth

2）摩擦音で始まる

/-fθs/　fifths,　/-sks/　risks

3）鼻音で始まる

/-ndz/　bonds,　/-nst/　against,　/-mpt/　attempt;　exempt;　prompt

/-ndʒd/　ranged

/-mps/　glimpse;　camps;　champs,　/-ŋst/　amongst

/-ŋkt/　distinct,　/-ŋks/　jinx;　banks

4）接近音で始まる

/-lpt/　helped,　/-lps/　helps

/-lfθ/　twelfth

語尾の位置では，子音は4つまで続くことが可能です。attempts /ətempts/, /lengths /leŋkθs/, sixths /sıksθs/, texts /teksts/, twelfths /twelfθs/ などは語尾に4つ子音が連続した例です。twelfths のように語尾に /fθs/ と /θ/ の入った摩擦音の連鎖は発音が困難ため，/θ/ が /t/ に変化して /twelfts/ となりますので，実際には「トゥウェルツ」のように聞こえます。このように調音方法，調音点が類似した音が近接する場合，類似性の低い音に変化する現象を**異化**（**dissimilation**）といいます。

　　　　fifths /fıfθs/　　→ /fıfts/　　（/θ/ → /t/）
　　　　lengths /leŋkθs/　→ /leŋkts/　（/θ/ → /t/）
　　　　sixths /sıksθs/　→ /sıksts/　（/θ/ → /t/）
　　　　twelfths /twelfθs/ → /twelfts/（/θ/ → /t/）

閉鎖音が2つ続いた場合は，最初の閉鎖音では呼気の開放が起こらな

154

いので，ほとんど聞こえなくなります。たとえば，bagged /bægd/ の /g/ や attempt /ətempt/ の /p/ は，きわめて弱くなります。

　日本語は，子音＋母音（CV）がモーラ構造の基本となるので，子音が連続することは英語ほどにはありません。そのため，日本人の英語学習者は，子音間に余計な母音を入れて発音しがちです。また，英語を聞き取る際にも子音連鎖に慣れておく必要があります。

　英語では単語の中で子音が連続することがよくあります。たとえば，アメリカの卸売式小売店（warehouse club）のコストコ（Costco）は，発音記号で表すと /kɑstkoʊ/ となり，語中には /s/，/t/，/k/ の3つの子音が連続しています。2番目と3番目の子音は無声閉鎖音で，単独で発音された場合には呼気の開放を伴う強い音です。語頭の位置では，/p/，/t/，/k/ のような無声閉鎖音は，息を一気に吐き出す音が強く聞こえます。たとえば tea /tʰiː/ の /t/ 音は強い息の音（aspiration）を伴います。ところが Costco のように閉鎖音が2つ続くと，最初の閉鎖音は呼気の開放を伴わないので，ごく弱くなり聞こえなくなります。したがって「コストコ」は「コスコ」のように聞こえます。閉鎖音はサウンド・スペクトログラム上，最初に呼気を保持するフェイズが入るため，エネルギー成分が表示されない無音状態の後，破裂を示す細い縦線が入ります。実際に音響分析してみると，図6-26 の Costco のスペクトログラムに示されているように，閉鎖音が2回連続して発音された痕跡は確認できないため，3子音連鎖の真ん中の音である /t/ は脱落し，/k/ 音のみ発音されたと判断されます（山根，2017, p. 19）。

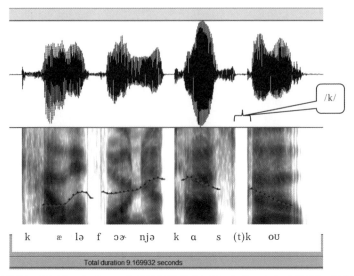

図 6-26 "California Costco" の音声波形(上図)とスペクトログラム(下図)

6.6 第6章のまとめ

☐ 子音は肺からの息の流れが舌や唇などの調音器官によって，何らかの妨げを受けて生まれる音です。
☐ 発音時に声帯の振動を伴うものを有声音，伴わないものを無声音と呼びます。
☐ 気道のどこで呼気の流れが妨げられるか，つまり妨げの起こる場所を調音点と呼びます。
☐ 調音方法は，どのような方法で呼気の流れが阻害されているかという観点から見ています。
☐ 気道内の主な調音器官は両唇，上前歯，歯茎，硬口蓋，軟口蓋，口蓋垂，咽頭，喉頭です。
☐ 調音器官としての舌は，舌尖，舌端，前舌，後舌，舌根の5つの部位に分かれます。
☐ 調音器官の動きを調整することにより，呼気の通り道である声道を狭めたり閉じたりすることで調音が行われます。
☐ 気道を完全に閉じて呼気の流れをブロックすることができます。気道が狭くなると呼気に乱流が生じます。気道を広くすると呼気は妨げを受けずに流れて共鳴音が生まれます。
☐ 閉鎖音，摩擦音，破擦音は，発音の際に呼気の圧力が高まる阻害音です。
☐ その他の子音と母音は，気道内の呼気圧が高まることなしで発音される共鳴音です。
☐ 調音点の科学的観察法としては電気口蓋図法，磁気共鳴映像法，超音波検査法があります。
☐ 閉鎖音を発音する際，呼気が開放された瞬間から声帯振動が始まるまでの時間のことを VOT（Voice Onset Time）といいます。
☐ VOT の長さは閉鎖音を聞いたとき，それが有声音か，無声音かの判断基準のヒントになります。

□語頭の位置には，3つまで子音が連続することが可能です。
□子音が3つ語頭で連続して現れるときには，必ず /s/ が最初に来ます。
□どの言語にも音の連続に制約があり，これを音素配列制約（phonotactic constraint）といいます。

注
1）/r/ も母音性が高いため，半母音として分類されることもあります（Cruttenden, 2014, p. 27）。

復習課題

6-1 次の **1.**～**4.** の子音群の中には，それぞれ調音点が異なるものが1つずつ含まれています。調音点の異なるものを選んでください。

1. /p, ʔ, b, m/   2. /l, t, v, n, d/   3. /r, ʃ, ʒ, θ/   4. /g, ŋ, ʒ, k/

6-2 次の各語の最初の子音を発音する際，舌の位置を完成してください。また，有声音のときは声帯を波線で，無声音のときは直線で表してください。

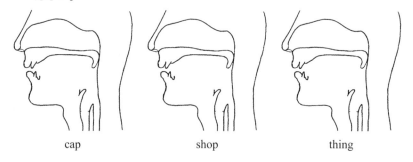

cap　　　　　　　　shop　　　　　　　　thing

6-3 次の文中の子音はすべて調音方法が共通しています。その調音方法は何ですか。

She saw the face of the vase.

第 6 章　子音の発音

6-4　次の発音記号を見て，単語を発音してください。
1. /dʒækət/　2. /mænɪdʒə/　3. /deɪndʒərəs/
4. /krɪsməs/　5. /heɪtrəd/　6. /tʌʃ/

6-5　単語の最初の子音を発音記号で書いてください。

| 1. sink | 2. wonderful | 3. jet | 4. ring | 5. think |
| 6. change | 7. berry | 8. gest | 9. photo | 10. yes |

6-6　単語の最後の子音を発音記号で書いてください。

| 1. child | 2. music | 3. again | 4. appeal | 5. fish |
| 6. beige | 7. bathe | 8. judge | 9. sing | 10. graph |

6-7　以下の子音を，例にならって有声/無声の区別，調音点，調音方法の 3 つの観点から分類してください。

子音	単語例	有声/無声	調音点	調音方法
例 /b/	*b*ench	有声	両唇音	閉鎖音
1. /p/	*p*en			
2. /t/	*t*en			
3. /d/	*d*o			
4. /k/	*k*ick			
5. /g/	*g*et			
6. /f/	*f*ence			
7. /v/	*v*est			
8. /s/	*s*tudy			
9. /z/	*z*ero			
10. /θ/	*th*ink			
11. /ð/	*th*ese			
12. /ʃ/	*sh*ock			
13. /ʒ/	vi*s*ion			
14. /h/	*h*istory			
15. /tʃ/	*ch*ange			
16. /dʒ/	*J*apan			
17. /m/	*m*ember			
18. /n/	*kn*ow			
19. /ŋ/	si*ng*			
20. /l/	*l*eave			
21. /r/	*r*ight			

6-8 以下の図は "oppose" の音声波形（上図），イントネーション（中図），スペクトログラム（下図）を表しています。VOT のおおよその長さを測定してください。

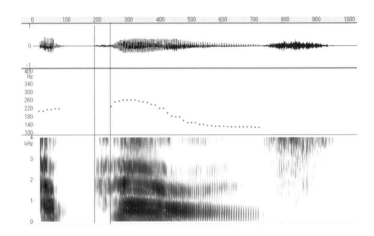

6-9 それぞれの子音の特徴に当てはまるものにはプラス（＋）を，当てはまらないものにはマイナス（－）の記号を表に入れてください。

	/d/	/f/	/k/	/t/	/m/
両唇音（bilabial）					
唇歯音（labiodental）					
歯音（dental）					
歯茎音（alveolar）					
軟口蓋音（velar）					
有声音（voiced）					
鼻音（nasal）					
閉鎖音（stop）					
摩擦音（fricative）					

第 7 章　音声変化

◀ 本章の目的 ▶
1 ⇒ なめらかな英語の発音について学習します。
2 ⇒ どのような場合に単語と単語がつながって発音されるかを理解します。
3 ⇒ 自然な話しことばに見られる「変わる音」について学びます。
4 ⇒ 隣接音の影響で音がどのように変化するか，そのしくみを理解します。
5 ⇒ 聞こえるはずの音が聞こえないのはなぜかについて学習します。

7.1　つながる音

　英語のセンテンスを文字で見ると，単語と単語の切れ目にはスペースがあって1語ずつ区切られています。しかし，話しことばとして文を発話する際には，意味を強調する場合など特殊なケースを除くと，1つ1つの単語を区切りながら発音することは，ほとんどありません。実際の発話では2つ以上の単語がつながって発音されることが多いため，単語の切れ目がわかりにくくなり，英語学習者にとってはリスニングの大きな障害になることがあります。このように発音の際，隣り合う2つ以上の単語がつながり合う現象を**連結**（**linking**）[1]といいます。文を発音するときにも，なめらかに音を続けて発音できなければ，単語間に不必要なポーズが多くなるため，英語の強弱リズムがくずれた，いわゆるカタカナ英語になってしまいます。そのため，とつとつとした細切れ的な発音になりがちです。本章では「つながる音」と題して，なめらかな英語の発音を学習します。
　英語のディクテーション練習をした学習者が，first of all を festival に書き取るということが実際ありました。なぜこのような聞き間違いをしたので

しょうか。これは first_of_all のように，語が連結して発音されたため，もともと3語からなる句を，発音が類似し，しかも同じ3音節語の festival の1語と聴き間違えたのです。英語では音節の構造上，語尾が子音で終わる語が多く，また語として独立している場合でも，隣接する音節どうしの結びつきが強いため，語の境界を超えて2つ以上の単語が結びついて発音されることがあります。

前述の first of all の場合，first の語尾子音 /t/ が，後続語 of /əv/ の語頭母音 /ə/ と連結します。さらに of の語尾子音 /v/ が，後続語 all の語頭母音 /ɔː/ と結びついて /fɚːstəvɔːl/ のように，まるで一つの単語のように一気に発音されます。このように二つ以上の語が連続する場合，前の語が子音で終わり，次の語が母音で始まると，その子音と母音が結びついて一つの音節のように発音されます。

学習者にとって話しことばの英語が聞き取りにくい原因のひとつが，この音の連結という現象にあります。自然な英語の発話では，一息の間に発せられる音の連鎖，すなわち**呼気段落（breath group）**の中では，語は1語ずつ区切って発音するのではなく，まとまった意味単位ごとに続けてなめらかに発音されます。なめらかに音を連結して発音できるようになると，連結した発話の聞き取りもしやすくなります。

Celce-Murcia et al.（2010, p. 165）では，連結現象の起きる頻度は，1）発話の場面がどれ程「くだけて」いるか，2）発話の速度，3）発話者個人の特徴に依存するとしています。より具体的には，カジュアルな発話場面で発話速度の速い場合，連結現象が起こりやすくなるといえます。

しかし，たとえばフォーマルなニュース英語にも連結現象は普通に見られます。実際，ニュース英語でも以下のような連結の例が現れました。以下の図 7-1 は "But the satellites will also keep_an_eye on spacecraft" の音声波形（上図）とスペクトログラム（下図）です。"keep_an_eye on" の箇所は，/p/ 音の閉鎖時以外，音声波形がほぼ絶え間なく連続していることから，連結現象が見て取れます（山根，2017, p. 26）。

第 7 章 音声変化

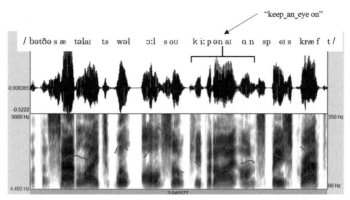

図 7-1 "But the satellites will also keep_an_eye on spacecraft" の音声波形（上図）とスペクトログラム（下図）

　英語のアクセント拍リズムを保つために，強く発音される強音節に挟まれた弱音節は，弱く早く発音されます。弱音節の語が連続する場合には，それらをつなげて発音すれば，より早く発音できることになります。したがって，英語のリズムを保持するためには，上手に音をつなげて発音できることが大切になるのです（山根，2017, pp. 26-27）。連結の現象には以下のような種類があります。

7.1.1 "r" 連結

　連結現象の中で，先行する単語の語尾のつづり字が "-r" "-re" の場合は **"r" 連結（r-linking）** と呼ばれます。米音ではつづり字の "-r" はもともと発音されます。英音では，たとえば here では /hɪə/ のように音節末の "r" の文字は発音されませんが，here are になると /hɪərə/ となって，/r/ 音が二つの単語を連結します。したがって，米音・英音ともに後の例のように，語尾のつづり字が "-r" "-re" の単語は，次に来る語の語頭母音と連結して発音されます。

　　　a pair_of shoes,　car_auction,　care_of it,　clear_it away,　far_away
　　　for_ever,　for_instance,　her_eyes,　here_and there,　here_at last
　　　mother_and father,　once and for_all,　poor_old man,　there_aren't,

these are_ours

　このように英音でも，"r" 連結の場合は，"r" の音色を入れて発音します。
　この他にも，語尾に "-r" や "-re" の文字がないのに，"r" の音色を入れて発音する場合があります。たとえば，saw a film を /sɔːrə fɪlm/ と発音することがあります。このような語と語を連結するための余計な /r/ 音のことを**介入的な "r"**，または**嵌入(かんにゅう)的な "r"**（**intrusive "r"**）といい，下のような例は正しい発音とはされていません。

　　　media_event /miːdiərɪvent/, saw_a film /sɔːrəfɪlm/,
　　　vanilla_ice-cream /vənɪlərɑɪskriːm/

7.1.2　"n" 連結

　語尾子音の /n/ との連結も多く，これを **"n" 連結（n-linking）** といいます。野球放送では日本人アナウンサーも one out を「ワンナウト」と発音しているのをよく聞きます。

　　　can_I, make an_effort, in_English, one_another, one_of them, open_it, run_an_errand
　　　1. You should make_an_effort to improve your pronunciation in_English.
　　　2. Can_I open_it?

《日本語には英語のような連結はありますか》
以下の例のように，2つの独立した語句が連続した場合，原則的に英語のような連結現象は見ることがありません。
しかし，「観音」（かんのん）のように，観「かん」と音「おん」の文字が連続して，1つの語句となっている場合は英語と同じような連結現象が現れます。

けっこん あいて　　　　　　→ ×けっこんないて
ぜんぜん あくりょくない　　→ ×ぜんぜんなくりょくない
だいこん おろし　　　　　　→ ×だいこんのろし

7.1.3　その他の連結

他にも，"t" 連結（t-linking）があります。先行単語の語尾が母音 +/t/ で，後続単語の語頭が母音の場合，閉鎖音の /t/ は，舌先を歯茎後方に一度はじいて発音する弾音の［ɾ］になります。not_at_all /nɑɾəɾɔːl/ は，"t" 連結のため，普通のスピードで話される会話では「ナレロ」のように聞こえることがあります。

　　　　not_at_all, put_it_on, Yes, it_is., No, it_isn't.

特に come on などの句動詞，first of all など英語で頻繁に用いられる慣用句での連結例が多く見られます。なめらかに発音できるようになるためには，何度も音読する練習が必要です。

　　　　a cup_of tea, as_a result, come_on, first_of_all, half_an_hour, keep_out,
　　　　not_at_all, pick_it_up, sing_a song, take_it_easy, up_and_down

子音 +/j/ にも連結が見られます。can_you は「キャン・ユー」ではなく，2 語が連結して「キャニュ」と聞こえます。/j/ は「第 6 章　子音の発音」で子音として紹介しましたが，発音に際して呼気の流れがあまり阻害されない音で，母音としての性格も持っているため，先行子音と連結します。他にも，thank_you, help_yourself, have_you などの例があります。

「4.1　アクセントとリズム」で，英語のアクセント拍リズムを保つために，強く発音される強音節に挟まれた弱音節は，弱く速く発音されることを見ました。弱音節の語が連続する場合には，それらをつなげて発音すれば，より速く発音できることになります。したがって，英語のリズムを保持するためには，上手に音をつなげて発音できることが大切です。以下に，put_it_on, first_of_all など，いくつか「つながる音」の例をあげます。

　　　1. Do you like_it?　　　　　　like_it /laɪkɪt/「ライケット」

2. In_a sense you are right.　　In_a /ɪnə/「イナ」
3. Can_I open_an_account?　　Can_I /kænaɪ/「キャナイ」
　　　　open_an_account /oʊpənənəkaʊnt/「オゥパンナンカウントゥ」
4. I'll get_a pair_of shoes.　　get_a /gerə/「ゲラ」
　　　　pair_of /peərəv/「ペアラヴ」
5. He is studying for_an_exam.
　　　　for_an_exam /fərənɪgzæm/「ファランニグザム」
6. Could_I ask a favor_of you?　Could_I /kudaɪ/「クダイ」
　　　　ask_a /æskə/「アスカァ」
　　　　favor_of /feɪvərəv/「フエイヴァラヴ」
7. All_of_us will go.　　All_of /ɔːləv/「オーラヴ」
8. Shall we make_it tomorrow?　make_it /meɪkɪt/「メイキッ（ト）」
9. Try to keep_out_of trouble.　keep_out_of /kiːpaʊtəv/「キーパゥタヴ」
10. I wrapped_it_up_and_sent_it to you.
　　　　wrapped_it_up /ræpɪtʌp/「ラップティッタッ（プ）」
　　　　sent_it /sentɪt/「センテッ（ト）」

　たとえば，find out /faɪnd aʊt/ のように，先行語の語尾で子音が二つ続き（/nd/），その二つ目が閉鎖音（/d/）で，次の語が母音（/aʊ/）で始まるときには，語尾の閉鎖音（/d/）が後続語の音節の一部のように発音されます。閉鎖音 /d/ で，呼気が一時的に「保持」されるため，/faɪn・daʊt/ のように，語の切れ目が変わるような発音になり「ファイン・ダウト」に聞こえます。これを音節の**再分節化**（**re-syllabification**）といいます。

　　camp out /kæm・paʊt/,　find out /faɪn・daʊt/,　hold on /hoʊl・dɑn/,
　　kept on /kep・tɑn/,　old age /oʊl・deɪdʒ/,　pushed up /pʊʃ・tʌp/,
　　send it /sen・dɪt/

7.2 変わる音

7.2.1 同時調音

　話しことばの英語では，子音や母音を 1 分節ごと区切りながら発音することはまずありません。たとえば，cues という語は /k・j・u:・z/ というように子音（/k/）+ わたり音（/j/）+ 母音（/u:/）+ 子音（/z/）という 4 つの分節音から構成されていますが，一つの単語として一息に発音されます。cues を発音するつもりで，まず /k/ の口の構えをしてみると，唇が丸く突き出し気味になっているのに気がつきます。これは，/k/ 音に続く円唇母音 /u:/ の発音を予期して，/k/ を発音する際に，すでに /u:/ の発音の準備をしようとしているからです。もともと /k/ は軟口蓋音ですが，この場合，唇が丸くなり円唇化した両唇軟口蓋（labialized velar）音になり，[ʷ] の記号を右肩に添えて［kʷ］と表記します（図 7-2）。このように後続音の発音に影響されるものを**先行的（anticipatory）**な**同時調音（coarticulation）**といいます（Ogden, 2017, p. 110）。また，cues を発音すると，語尾子音 /z/ の発音の際にも，若干，円唇化の影響が残っていることがわかります。このように後に来る音が，先行音の発音に影響を受けるものを**残存的（preservative）**な同時調音といいます。円唇音は共鳴振動数を下げる効果があるため，ピッチも低く聞こえます。

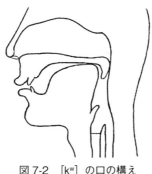

図 7-2　［kʷ］の口の構え

上記の例のように，一つの調音器官の動きは，その前後の音の発音に影響されます。別の例を見てみましょう。kill /kɪl/ と cool /kuːl/ を順番に発音してみてください。両方とも語頭音の /k/ は，後舌面を軟口蓋に接触させて発音する軟口蓋音です。ところが kill /kɪl/ の /k/ の発音の場合，次に来る母音の /ɪ/ は前舌母音なので舌は口腔内の前寄りへと移動する必要があります。そのため，/k/ の調音点もその影響を受けて，舌が軟口蓋に接触する箇所が前寄りになります。cool /kuːl/ の場合は /k/ に続く母音の /uː/ が後舌母音なので，その予測のもと，/k/ の調音点はやや後方に寄り気味になります。kill /kɪl/ と cool /kuːl/ を，繰り返し順番に発音してみると，その微妙な違いがわかります。このように，主に単語内で，ある音の調音に際して同時に副次的な別の調音が行われ，一方の音がその影響で変化する現象を，同時調音（co-articulation）といいます。

　速い速度の発話の場合，鼻音が母音と別の子音の間にあるとき，その鼻音は脱落することがあります。たとえば，can't /kænt | kɑːnt/ の鼻音 /n/ は脱落するか，あるいは発音がごく弱くなるものの鼻音の特性は残り，その前の母音が鼻母音化します。この現象は特にイギリス英語に顕著に現れ，鼻にかかったような /kɑ̃ːt/ のような発音になります。これも先行的な同時調音の一種と考えられます。同じように，I know では鼻音の /n/ の影響を受けて先行音の /aɪ/ が鼻母音化して /ãɪ noʊ/ と発音されることがあります。man /mæn/ のように母音の前後が鼻音の場合は，特に鼻母音化が起こやすくなります。

>　anger /ǽŋɚ/, can't /kɑ̃ː(n)t/, home /hõʊm/, main /mẽɪn/, man /mæ̃n/, sound /sãʊ(n)d/, ten /tẽn/
>
>　1. I ca̱n't understand why she is a̱ngry.
>　2. The ma̱n ca̱me back to his ho̱me in the ma̱in street.
>　3. I ca̱n't sta̱nd the loud sou̱nd.

　以上の例からもわかるように，一つの単語を発音するときでも調音器官

は絶えず動いています。さらに，単語より長い文のレベルの発話でも，絶え間なく調音器官が動きます。図 7-3 の音声波形とスペクトログラムは TTS で人工合成した文 They were living in the house. の音声を記録したものです。その発話速度は，母語話者の普通の話す速さといわれている 150 wpm です (Field, 2004, p. 33) が，音声波形もスペクトログラムも，ほとんど切れ目がないことがわかります。They were living in the house. と文字で表すと，単語の区切りにスペースがあり，個々の単語が独立しているように見えますが，実際の話しことばでは，音の流れに切れ目はありません。この文を実際に発音してみると，舌やあごなどの調音器官が絶え間なく動いているのが確認できます（山根，2017, p. 24）。

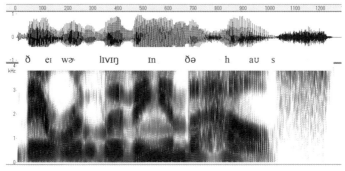

図 7-3　They were living in the house. の音声波形（上図）とスペクトログラム（下図）

7.2.2　同化現象

前節では単語内での音の変化について見ました。そこでは，一つ一つの子音や母音が別々に区切って発音されるのではなく，むしろお互いに影響を及ぼし合うことがわかりました。英語を話す際は普通，単語をつなげて句，節，文，談話へと，より長い単位で連続して話をします。このような**連続した話しことば**（**connected speech**）では，単語と単語の切れ目がなくなり，語の境を超えて音が変化することがあります。いくつかの語をひとまとめにして，まるで一つの長い語を連続して発音しているかのように聞こえるので

す。たとえば We will miss you. は「ウイ・ウィル・ミス・ユー」と 1 語 1 語強くはっきりとは言わず，「ウィルミシュー」のような音の連続体になります。「ミスユー」が「ミシュー」のように異なった音に変化するのです。

　隣接する 2 つの音の一方が他方の音の影響を受けて，同じ音や似た音に変化したり，お互いに影響し合って，両者に似た別の音に変化したりする現象を同化 (**assimilation**) といいます。この現象は単語内でも，単語間でも起こり，特に，隣接する子音どうしが影響を与えることで生まれます。Roach (2009, p. 110) によれば，同化は話すスピードが速い，くだけた話しことば (casual speech) でよく見られるものの，ゆっくりとした注意深い話しことば (careful speech) には起こりにくいとしています。しかしながら，以下で述べるように，スピーチスタイル的ではフォーマルな範疇に分類されるテレビのニュース英語でも同化は頻発します。

　以下のニュースからの例では，las*t y*ear という語の連鎖で，las*t* の語尾子音 /t/ と *y*ear の語頭子音 /j/ が互いに影響をし合い，破擦音の /tʃ/ に変化しています。そのために「ラスチヤー」のように聞こえます（山根，2017, p. 23）。

　　　　..., 400,000 Americans rushed to the hospital by helicopter las*t y*ear alone.
　　　　　　　　　　　　　　　　　　　　　　　　　　　　/ læstʃɪɚ/
　　　　..., operating in 48 states, posting a profit las*t y*ear of more than $100 million.
　　　　　　　　　　　　　　　　　　　　　　　/ læstʃɪɚ/

　また，発話者個人の発音のスタイルや癖などによっても，その発生頻度は変化します。英語母語話者に，いくらゆっくり発音してくださいと頼んでも miss you を「ミシュー」と発音する人もいます。話しことばの英語をうまく聞き取るためにも，なめらかに発音するためにも同化現象の理解は必要不可欠です。この現象は日本語でも起こります。たとえば，「新米」/ʃinmai/ の /n/ は，後続の /m/ の影響を受けて，/ʃimmai/ と発音されることがあります。

　このような音の変化は，恣意的に起こるのではなく，決まった法則にした

がって生じています（Celce-Murcia et al. 2010, pp. 168-184）。もし恣意的な変化をしていれば，聞き取りに支障をきたし，お互いにコミュニケーションがうまくできないはずです。同化現象は決してぞんざいな発音ではなく，「くだけた」話しことばの英語のみならず，ニュース英語でも見られます。話しことばの英語では，このような変化を受けた発音形式の方がむしろ普通なのです。どのような言語であっても，そのことばを発音するときには，話し相手に意図が通じる範囲内で，調音器官の動きをできるだけ少なくして発音をしようとする意識が働きます。miss you は「ミシュー」と発音した方が言いやすいのです。これは，調音に要するエネルギーと時間を節約するときに起こる自然な現象です。

次のニュース英語からの例では，di*d y*ou の di*d* の語尾子音 /d/ と *y*ou の語頭子音 /j/ が互いに影響をし合い，破擦音の /dʒ/ に変わっています。そのために「ディジュ」のように聞こえます。以下は Yamane and Yamane（2017）からの例です。

Di*d y*ou ever expect a Broadway show to impact the plans of the U.S. Treasury?
/dɪdʒə/

同化現象は，どちらの音が影響を与えるかによって，進行同化（先行音が後続音に影響を与える）と逆行同化（後続音が先行音に影響を与える）に分類できます。また，隣接音が相互に影響を与え合うことで，新たな音ができる場合は相互同化と言います。以下では，3種類の同化現象を見ます。

7.2.2.1　進行同化（**progressive assimilation**）

A，B と二つの音が連続するとき，A（先行音）が B（後続音）に影響を与え，B が変化して B′ になる現象を**進行同化**（**progressive assimilation**）といいます。先行音の発音の影響が後続音にまで保持される残存的な同化現象です。図 7-4 のように図式化することができます。

$$\overset{\frown}{A\ B} \rightarrow A\quad B'$$

図7-4　進行同化

　たとえば，play /pleɪ/ の語頭音（先行音）は無声音 /p/ ですが，その影響を受けて，本来は有声音の /l/（後続音）が無声音化（devoiced）します。完全に無声音にならずに，最初の一部が無声音化することもあります。無声音化を示す記号は［ ̥ ］で，［l̥］のように発音記号の下に付記します。

　　　　close /kloʊs/,　play /pleɪ/,　snack /snæk/,　treat /triːt/

　同化の中には偶発的，すなわち起こったり起こらなかったり状況によって変化するのではなく，必ず起こるものもあります。たとえば，solve /sɑlv/ の語頭に有声音の "re-" /rɪ-/ が付くと，後続する /s/ が有声音の /z/ になり /rɪzɑlv/ と発音されますが，それは確立された進行同化の例です。

　　　　solve /sɑlv/
　　　　resolve /rɪsɑlv/* → /rɪzɑlv/

　名詞の複数形語尾発音に関するルールは，次の A）と B）の場合は，この確立された進行同化で説明できます。
A）語尾が無声子音の /p, t, k, f, θ/ の名詞の場合，その語尾の "-s" は同じく無声音の /s/ と発音されます。先行無声子音が，後続子音に影響を及ぼして "-s" が /s/ という無声音の発音になるわけです。

　　　　cat /-t/　→ cats /-ts/,　hawk /-k/→ hawks /-ks/,　month /-θ/ → months /-θs, ts/
　　　　roof /-f/→ roofs /-fs/,　step /-p/　→ steps /-ps/

B）語尾が母音，あるいは有声子音 /b, d, g, m, n, ŋ, l, v, ð/ の名詞の場合，その語尾の "-s" は有声音の /z/ と発音されます。たとえば，tiger /taɪɡɚ/ の語

第 7 章　音声変化

尾母音 /ɚ/ は有声音なので，その複数形語尾発音は有声音の /z/ になります。日本の野球中継のアナウンサーは，よく「タイガース」と語尾を無声音でいいますが，それは和製英語的な発音で，正しくは「タイガーズ」なのです。

  bed /-d/　→ beds /-dz/,　　bell /-l/　→ bells /-lz/,　　dog /-g/　→ dogs /-gz/,
  glove /-v/ → gloves /-vz/,　lathe /-ð/ → lathes /-ðz/,　thing /-ŋ/ → things /-ŋz/,
  room /-m/→ rooms /-mz/,　sofa /-ə/　→ sofas /-əz/,　son /-n/　→ sons /-nz/,
  tiger /-ɚ/　→ tiger /-ɚz/,　　tribe /-b/ → tribes /-bz/

C）語尾が**歯擦音（sibilant）**と呼ばれる /s, z, ʃ, ʒ, tʃ, dʒ/ の名詞の場合，"-es" が付加されて，これは /ɪz/ と発音されます。

  garage /-dʒ/→ garages /-dʒɪz/,　glass /-s/　　→ glasses /-sɪz/,
  lens /-z/　　→ lenses /-zɪz/,　　montage /-ʒ/ → montages /-ʒɪz/,
  watch /-tʃ/ → watches /-tʃɪz/,　wish /-ʃ/　　→ wishes /-ʃɪz/

　規則動詞の過去形，過去分詞形の語尾発音に関するルールも，進行同化で説明ができます。

A）たとえば，help /help/ のように，語尾が /t/ 以外の無声子音で終わるときには，それに続く "-(e)d" の発音は，helped /helpt/ のように無声音の /t/ になります。

  help /-p/ → helped /-pt/,　like /-k/ → liked /-kt/

B）ski /skiː/ や believe /bɪliːv/ のように，語尾が母音や /d/ 以外の有声子音で終わるときには，後続の "-(e)d" は，それぞれ skied /skiːd/, believed /bɪliːvd/ のように有声音の /d/ になります。

  ski /-iː/ → skied /- iːd/,　believe /-v/ → believed /-vd/

C）start /staɚt/ や need /niːd/ のように，語尾が /t/ または /d/ で終わる場合は，

後続の"-(e)d"は,それぞれ started /stɑɚtɪd/ や needed /niːdɪd/ のように /-ɪd/ になります。

    start /-t/ → started /-tɪd/,   need /-d/ → needed /-dɪd/

7.2.2.2 　逆行同化（regressive assimilation）

　A,Bという二つの音が連続するとき,B（後続音）がA（先行音）に影響を与えAが変化してA′になります（図7-5）。発音の進行方向とは逆に,後続音が先行音に音声的な影響を与えるため**逆行同化**（**regressive assimilation**）といわれます。後続音の特徴を,前もって予期して音が変わる側面をとらえて,**先行同化**（**anticipatory assimilation**）とも呼ばれます。これを図7-5のように図式化することができます。先行同化は,先ほどの逆行同化より頻繁に見られる現象で,以下の4種類に分類することができます。

図7-5　逆行同化

有声音の無声音化

　たとえば of course は,くだけた会話では「オブコース」ではなく,よく「オフコース」と聞こえます。of /əv/ の語尾子音 /v/ は,もともと有声音ですが,後続の course /kɔɚs/ の語頭子音 /k/ が無声音であるため,その影響で of が /əf/ と変化するからです。また have to は「ハフタァ」と発音されることがよくあります。have の語尾子音の /v/ は有声音ですが,次に to が来ると,その語頭子音の無声音 /t/ の影響を受けて無音声化するため,/hæftə/ となるからです。同様に has to は /hæstə/ となるため「ハスタァ」と聞こえます。以下は,会話でよく見られる逆行同化の例です。hafta, hasta, usta は,実際の発音が文字化されて,英語のアニメ本の登場人物などの台詞として見かけることがあります。

第7章　音声変化

of course /əv kɔːs/　→ /əfkɔːs/　　/v/ → /f/（有声音→無声音）
I have to /aɪ hæv tə/　→ /aɪ hæftə/　　/v/ → /f/（有声音→無声音）
he has to /hi hæz tə/　→ /hi hæstə/　　/z/ → /s/（有声音→無声音）

　以上のような有声音の無声音化は同化現象の一種です。ただし，英語では無声音が有声音化という逆行同化の現象は起こりません。black dog は /blægdɔ(ː)g/ にはならないのです。しかし，フランス語では無声音の有声音化は見られます。たとえば，avec vous /avek vu/ は /ave**g**vu/ と発音されます。

　　　black dog /blækdɔ(ː)g/

調音点の同化

　たとえば that boy /ðæt bɔɪ/ が /ðæpbɔɪ/ と発音されることがあります。これは，boy の語頭音が両唇音の /b/ であることから，その調音点の影響を受け，that の語尾音 /t/ が両唇音の /p/ に変化する現象です。語尾や音節末の歯茎音 /t, d, n/ は後続音の影響を比較的受けやすいため，歯茎音以外の子音が続くときには，後続音の調音点に同化することがよくあります。
　get these は英語ではよくある語の連鎖ですが，get の語尾音 /t/ が，後続語の最初の歯音 /ð/ の影響を受けて，本来ならば舌先は上歯茎に付くはずですが，さらに前寄りの上歯の裏あたりに接触することになります。このような調音位置の変化を示すために［ ̪］の補助記号を付けて，/get̪ðiːz/ のように表記します。
　また，comfort /kʌmfɚt/ の /m/ や invoice /ɪnvɔɪs/ の /n/ は，後続の唇歯音の /f, v/ の影響で調音点が移動し，唇歯音として発音されます。この場合は［ɱ］の発音記号を使い /kʌɱfɚt/, /ɪɱvɔɪs/ と表記されます。他にも，両唇音 /m/ の後に唇歯音の /f, v/ が来る例としては come first は /kʌɱfɚːst/ に，warm vest は /wɔɚɱvest/ になります。

　　　get these /get ðiːz/　　　→ /get̪ðiːz/　　（/t/ → [t̪]）

not that /nɑt ðæt/	→ /nɑt̪ðæt/	(/t/ → [t̪])
quite good /kwaɪt gʊd/	→ /kwaɪkgʊd/	(/t/ → [k])
that boy /ðæt bɔɪ/	→ /ðæpbɔɪ/	(/t/ → [p])
that person /ðæt pɚːsn̩/	→ /ðæppɚːsn̩/	(/t/ → [p])
good boy /gʊd bɔɪ/	→ /gʊbbɔɪ/	(/d/ → [b])
good girl /gʊd gɚːl/	→ /gʊggɚːl/	(/d/ → [g])
pancake /pænkeɪk/	→ /pæŋkeɪk/	(/n/ → [ŋ])
can go /kæn goʊ/	→ /kæŋgoʊ/	(/n/ → [ŋ])
ten cups /ten kʌps/	→ /teŋkʌps/	(/n/ → [ŋ])
grandpa /grændpɑː/	→ /græmpɑː/	(/n(d)/ → [m])
more and more /mɔɚ ənd mɔɚ/	→ /mɔɚ əmmɔɚ/	(/n(d)/ → [m])
ten pairs /ten peɚz/	→ /tempeɚz/	(/n/ → [m])
in May /ɪn meɪ/	→ /ɪmmeɪ/	(/n/ → [m])
one moment /wʌn moʊmənt/	→ /wʌmmoʊmənt/	(/n/ → [m])
one mile /wʌn maɪl/	→ /wʌmmaɪl/	(/n/ → [m])
come first /kʌmfɚːst/	→ /kʌɱfɚːst/	(/m/ → [ɱ])
warm vest /wɔɚmvest/	→ /wɔɚɱvest/	(/m/ → [ɱ])
on fire /ɑn faɪɚ/	→ /ɑɱfaɪɚ/	(/n/ → [ɱ])
in vain /ɪn veɪn/	→ /ɪɱveɪn/	(/n/ → [ɱ])

1. The pancake was quite good.
2. My grandpa used to have ten cups of tea a day.
3. I saw that person one moment ago.
4. You can go after you get these documents together.

/s/, /z/ はその後に /ʃ/ が来ると，/ʃ/ に変化することがあります。たとえば this shop は「ディシャプ」のように聞こえることがあります。これは this の語尾の歯茎摩擦音 /s/ が，後続語 shop の語頭音である後部歯茎摩擦音 /ʃ/ の影響で /ʃ/ に変わるからである。このとき，/s/ は [ʃ] に同化するので，/ʃ/ は

少し長く発音されることになります。

nice shoes	/naɪs ʃuːz/	→ /naɪʃʃuːz/	(/ s / → [ʃ])
this shop	/ðɪs ʃɑp/	→ /ðɪʃʃɑp/	(/ s / → [ʃ])
his shirt	/hɪz ʃɚːt/	→ /hɪʃʃɚːt/	(/ z / → [ʃ])
his ship	/hɪz ʃɪp/	→ /hɪʃʃɪp/	(/ z / → [ʃ])

1. He bought a pair of nice shoes in this shop.
2. He looks nice in his shirt.
3. The couple lived aboard his ship.

　隣接音は，/s, ʃ/ という発音方法が同じ摩擦音なので，むしろ同化させて言った方がより自然で発音しやすいといえます。同化現象で変化した音は，全く消えてしまうのではなく別の音として，その長さはほぼ残ります。この点が，次の章で説明する脱落現象とは異なるところです。

　逆行同化の中には，すでに英語の発音として確定したものもあります。否定の意味を担う主な接頭辞には "un-"，"in-" があり，たとえば happy は "un-" を付けて unhappy に，capable には "in-" を付けると incapable になります。ところが，imbalance, impossible, immature のように，/b/, /p/, /m/ の前では，接頭辞は "im-" を使います。これは語根が /b/, /p/, /m/ の両唇音で始まっているため，接頭辞もその音節末が両唇音の /m/ となった確立した逆行同化の例と考えられます。

調音方法の同化

　get some という語の連鎖では，get の語尾子音の閉鎖音 /t/ が，後続語 some の摩擦音 /s/ の影響を受け，調音方法が変化して /gessəm/ という発音になることがあります。

get some money /get səm mʌni/ → /gessəmmʌni/　(/t/ → [s])

goo<u>d</u> <u>n</u>ight /gʊd naɪt/ → /gʊnnaɪt/　　　　　(/d/ → [n])

調音点, 調音方法の同化

　くだけた会話の英語では, 後続音の影響で調音点と調音方法が共に変わる場合があります。たとえば, give me /gɪv mi/ では先行語の語尾子音 /v/ は摩擦音・唇歯音ですが, 後続語の語頭子音 /m/ の影響を受けて調音方法, 調音点とも変化して鼻音・両唇音 /m/ になることがあります。

gi<u>v</u>e <u>m</u>e　/gɪv mi/　→ /gɪ(m)mi/　　　(/v/ → /m/)
le<u>t</u> <u>m</u>e　　/let mi/　→ /le(m)mi/　　　(/t/ → /m/)

7.2.2.3　相互同化

　隣接した A 音と B 音が相互に影響を与え合って, 新たな音 C になる同化現象を相互同化 (**reciprocal assimilation**) といいます。たとえば, miss you という語の連鎖の場合, miss の語尾子音 /s/ (A 音) と you の語頭子音 /j/ (B 音) が互いに影響をし合い, 口蓋音化した摩擦音の /ʃ/ (C 音) に変わります。そのために「ミシュ」のように聞こえます。相互同化を図式化すると図 7-6 のようになります。

図 7-6　相互同化

mi<u>ss</u> <u>y</u>ou　　　/mɪs ju/　　→ /mɪʃu/　　(/s/ + /j/ → [ʃ])
thi<u>s</u> <u>y</u>ear　　 /ðɪs jɪɚ/　　→ /ðɪʃɪɚ/　　(/s/ + /j/ → [ʃ])
a<u>s</u> <u>y</u>ou know　/əz ju/　　→ /əʒu/　　(/z/+ /j/ → [ʒ])
wa<u>s</u> <u>y</u>oung　　/wəz jʌŋ/　→ /wəʒʌŋ/　(/z/+ /j/ → [ʒ])
tho<u>se</u> <u>y</u>ears　　/ðoʊz jɪɚz/ → /ðoʊʒɪɚz/　(/z/+ /j/ → [ʒ])
las<u>t</u> <u>y</u>ear　　 /læst jɪɚ/　→ /læstʃɪɚ/　(/t/ + /j/ → [tʃ])
no<u>t</u> <u>y</u>et　　　/nɑt jet/　→ /nɑtʃet/　(/t/ + /j/ → [tʃ])

what's your	/hwʌts juɚ/	→ /hwʌtʃɚ/	(/ts/ + /j/ → [tʃ])
lets you	/lets ju/	→ /letʃə/	(/ts/ + /j/ → [tʃ])
could you	/kud ju/	→ /kudʒə/	(/d/ + /j/ → [dʒ])
read you	/riːd ju/	→ /riːdʒə/	(/d/ + /j/ → [dʒ])
sends you	/sendz ju/	→ /sendʒə/	(/dz/ + /j/ → [dʒ])

1. "Have you read your letter?" "No. Not yet."
2. What's your name?
3. Could you give me a lift to the nearest station?
4. I'll miss you while you are away.
5. It was last year I met you for the first time.

以上の例からもわかるように，相互同化は4つのパターンに規則化することができます。

1. /s/ + /j/ → /ʃ/
2. /z/ + /j/ → /ʒ/
3. /t, ts/ + /j/ → /tʃ/
4. /d , dz/ + /j/ → /dʒ/

ここでは，同化現象と同時調音という2つの用語が出てきました。同化現象は，音の変化を聴覚で認識できる「現象」として，どちらかというと表面的にとらえたときに使われます。それに対して同時調音という用語は，同化現象が起こる際の「調音器官の動き」に着目して音声変化を説明しようとする際に用いられます。

7.2.3　その他の変わる音
7.2.3.1　gonna, wanna の発音
くだけた話しことばでは going to や want to の発音が変化して，それぞれ

/gɔ́(ː)nə/, /wánə/ となることがあり「ゴナ」,「ワナ」と聞こえます。これは様々な音声変化を経てできた結果の発音です。くだけた会話では比較的よく見られる現象で,書きことばとして gonna, wanna と表記されますが,公のスピーチなどフォーマルな英語ではあまり現れません。英語学習者としては,発音として聞き取れる必要はありますが,積極的にまねる必要はないと思われます。

going to /goʊɪŋ tuː/ → /gɔ(ː)nə/
want to /wɑnt tuː/ → /wɑnə/

同化は,通常の速度の発話において発音しやすいように,自然に起きた音現象だと考えるとよいでしょう。発話のスピードが速い方が変化は多く生まれますが,普通の速さでも同化現象は見られます。英語を正しく発音する練習を重ね,慣れることで,意識せず音変化を自然に行っていることに気づきます。

7.2.3.2 弾音の /t/

米音では water /wɑṭɚ, wɔːṭɚ/ の発音が「ワラ」と聞こえることがあります。これは前後を母音に挟まれた /t/ が**弾音（flap）**になっているからです。この弾音とは,本来の破裂音の /t/ のように歯茎に舌先を付けて口腔内に息をためた後,開放するのではなくて,舌先（正確には舌端）を歯茎に素早く弾いて発音するもので,IPA では [ɾ] と表記され,water は /wɑɾɚ, wɔːɾɚ/ と表記されます。米音の /r/ の場合は,舌先を歯茎に弾く回数が1回なので**単顫動音（tap）**と呼ばれることもあります。wá・ter のように,アクセントのない音節の最初に /t/ がきて,/t/ が母音に挟まれてるときにこの音になります。この /t/ 音は,前後を母音で挟まれている影響で有声音になるため,有声音化した "t"（voiced "t"）ともいわれ,[t̬] のように表記することもできます。このように /t/ が有声音化すると,たとえば latter は ladder と発音上の区別が付きにくくなります。

米音では get up が「ゲラップ」に聞こえることがあります。これも前後を母音で挟まれた /t/ 音が弾音として発音されているからです。このように，イディオムの中など，単語の境を超えて /t/ が弾音になることがあります。ただし，たとえば atténd, fourtéen, のように，/t/ の前の母音にアクセントがない場合は，この音にはなりません。

英音では，前後を母音に挟まれた /t/ は帯気音を伴わない無声音の /t/ として発音されます。

a̠tom, be̠tter, ci̠ty, da̠ta, di̠rty, fo̠rty, la̠tter, le̠tter, ma̠tter, pu̠tting, sta̠rted, wa̠ter
cu̠t i̠t out, ge̠t off, ge̠t on, ge̠t up, no̠t a̠t all, pu̠t i̠t on, shu̠t up, so̠rt of,

1. Be̠tty is ge̠tting be̠tter and be̠tter.
2. Pu̠t i̠t on my bill, please.
3. Cu̠t i̠t out!
4. He sta̠rted reading the la̠tter le̠tter.
5. The wa̠ter was di̠rty in the ci̠ty.

《発音のポイント：母音に挟まれた water の /t/ 音》
・「ウァー」の後，舌先を上歯茎に素早く弾きます。
・米音では「ウァーラ」のような発音になります。

7.2.3.3　鼻腔開放音

Britain /brɪtn̩/ や student /stju:dn̩t/ のように破裂音の /t/, /d/ の直後に鼻音の /n/ が続く場合は，呼気を鼻から開放する発音になるため**鼻腔開放（nasal release）**と呼ばれます（Cruttenden et al. 2014, p. 171；加藤・安藤，2016, p. 81）。/t/, /d/ の発音のとき，舌先を上歯茎に付けたまま /n/ を発音すると軟口蓋が下がります。「クッ」と鼻から呼気を抜くと，この音が発音できます。

student は stu・dent と 2 音節に分節され，/stju:・dn̩t/ と発音されます。最初の音節には母音の /u:/ が含まれますが，2 番目の音節には母音がありません。2 番目の音節の /dn̩t/ は，子音のみで弱音節を構成しています。鼻音 /n/ は，子音の中でも**聞こえ度（sonority）**が高いので，母音と同じように音節の中核を構成することができます。このような /n/ を**成節子音の /n̩/（syllabic /n/）**と呼びます。強音節の後に /tn/, /dn/ が続くときには，こ

の発音になります。/t/, /d/ と /n/ の間に，余分な母音を入れないように発音することが大切です。

/tn̩/, /dn̩/ を発音する際，鼻から呼気を抜く感覚をつかんだ後，以下の単語を発音してみましょう。written /rɪtn̩/ の語尾 /-tn̩/ を発音しているときは，舌先を歯茎に付けたままで，/t/ の発音の後に軟口蓋が下がって鼻から呼気が出ます。この際，/t/ は声門閉鎖音［ʔ］の発音になるので /rɪʔn̩/ と表記することもあります。

cou<u>dn</u>'t, di<u>dn</u>'t, ha<u>dn</u>'t, shou<u>dn</u>'t, wou<u>dn</u>'t のような助動詞の否定短縮形も，/d/ は鼻腔開放音として発音されます。bea<u>ten</u>, ea<u>ten</u>, forgo<u>tten</u>, hi<u>dden</u>, wri<u>tten</u> のような動詞の過去分詞形中の /t/, /d/ もこの発音になります。

Bri<u>tain</u> /brɪtn̩/, bur<u>den</u> /bɚːdn̩ | bəːdn̩/, bu<u>tton</u> /bʌtn̩/, co<u>tton</u> /kɑtn̩/, di<u>dn</u>'t /dɪdn̩t/, ea<u>ten</u> /iːtn̩/, frigh<u>ten</u> /fraɪtn̩/, frigh<u>tened</u> /fraɪtn̩d/, hi<u>dden</u> /hɪdn̩/, ki<u>tten</u> /kɪtn̩/, lis<u>ten</u> /lɪsn̩/, ri<u>dden</u> /rɪdn̩/, shou<u>dn</u>'t/ʃʊdn̩t/, stu<u>dent</u> /stuːdn̩t | stjuːdn̩t /, threa<u>ten</u> /θretn̩/, threa<u>tening</u> /θretn̩ɪŋ/, wri<u>tten</u> /rɪtn̩/

《発音のポイント：/tn̩/, /dn̩/》
1. Britain のはじめの音節，/brɪt-/ を発音した後，一瞬息を止めてみましょう。
2. そのとき，舌先が歯茎に付いているのを確認します。
3. 次に，<u>舌先を付けたまま「クッ」と鼻から呼気を抜きます。</u>

1. That was the best dinner I have ever ea<u>ten</u>.
2. The stu<u>dent</u> shou<u>dn</u>'t have ri<u>dden</u> the bicycle.
3. The dog shou<u>dn</u>'t have bi<u>tten</u> the ki<u>tten</u>.
4. The Bar<u>tons</u> live in Great Bri<u>tain</u>.
5. You shou<u>dn</u>'t have done that.

wri<u>tten</u> /rɪtən/, stu<u>dent</u> /stuːdənt/ などでは，/t/, /d/ の後のあいまい母音 /ə/ は省略されることがあります。certainly, mountain, sentence の語尾は，米音

第 7 章　音声変化

では鼻腔開放音で発音されることがよくあります。また，/t/，/d/ 以外の子音の後に /n/ が続くときには，この鼻腔開放音になる場合と，/n/ の前にあいまい母音を入れて発音することもあります。たとえば happen は /hæpn̩/ と /hæpən/ の両方が可能ですが，カジュアルな場面や発話速度が速い場合には鼻腔開放音になる傾向があります[2]。

   certainly /sɚːtn̩li | səːtɪnli/,　　dozen /dʌzn̩, dʌzən/,　　happen /hæpn̩, hæpən/,
   listen /lɪsn̩, lɪsən/,　　mountain /maʊntn̩ | maʊntɪn/,　　often /ɑfn̩, ɑfən/,
   oven /ʌvn̩, ʌvən/,　　ribbon /rɪbn̩, rɪbən/,　　sentence /sentn̩s | sentəns/,

 また，not now, red nose, that man, road map, dark night, big man のように，2語をまたいで破裂音の /t/，/d/，/k/，/g/ の後に鼻音の /n/，/m/ が続くときも，破裂の発音のために「保持」された呼気は，/n/，/m/ の発音の際に鼻腔から開放されます。したがって not now は「ノットナウ」ではなく「ナッナウ」のように聞こえます。
 語頭の位置では，この発音は起こりません。たとえば，tonight の最初の音節は弱音節ですが，あいまい母音を含む /tənáɪt/ という発音になります。

7.2.3.4　側面開放音

 bottle /bɑtl̩/ を発音してみましょう。/t/ の直後に側音の /l/ が続く発音です。子音の間に母音を入れないように発音します。まず，/t/ で舌先を上の歯茎に付けて閉鎖の構えを取ります。次に舌先をはずさず，舌の両側から息を一気に吐き出します。これは舌の両側から破裂の息が開放されるので **側面開放音**（**lateral release**）と呼ばれています。この場合も，bottle の第2音節は弱音節で，母音の代わりに /l/ が音節の中核をなしているので，**成節子音の /l/**（**syllabic /l/**）といわれ，/l̩/ で表されます。歯茎音の /t/，/d/ の後に調音点が同じ歯茎音の /l/ が続くとき，この発音になります。

   bottle /bɑtl̩/,　　bottled /bɑtl̩d/,

183

cattle /kætl̩/, kettle /ketl̩/, little /lɪtl̩/, medal /medl̩/, middle /mɪdl̩/, muddle /mʌdl̩/, pedal /pedl̩/,

> 《発音のコツ：/tl̩/,/dl̩/》
> 1. bottle の最初の音節（/bɑt/）を発音した後，一瞬息を止めます。
> 2. 舌先が歯茎に付いているのを確認します。
> 3. 舌先を付けたまま，呼気を勢いよく舌の横から抜きます。
> 3. 「トル（トゥル）」より「トー（トォ）」に近い音です。
> 4. /pl, kl/ では /p/, /k / を破裂させません。

また，atlas, regardless のように /l/ が /t/, /d/ に続く音節の最初に来たり，at least, bad light のように二つの語を挟んで /t/, /d/ の後に /l/ が来るときにもこの発音になります。

atlas, badly, padlock, regardless, at least, bad light, good luck

歯茎音の /t/, /d/ の後以外にも，軟口蓋破裂音の /k/, /g/ の後に /l/ が来ると側面開放音になります。たとえば clean では，語頭音 /k/ の呼気開放は，後続の /l/ で側面開放音として行うと，余計な母音が入らずに発音することができます。さらに，語尾が "-le" で，その前に子音が来るときにもこの発音になります。また，couple は，「カップル」のように，語尾発音が /-pulu/ とならないように注意が必要です。

buckle /bʌkl̩/, clean /kliːn/, clever /klevɚ/, couple /kʌpl̩/, giggle /gɪgl̩/, pickle /pɪkl̩/, struggle /strʌgl̩/, trouble/trʌbl̩/, tunnel /tʌnl̩/, wrestle /resl̩/, wrestled /resl̩d/

1. The couple wrestled with a difficult trouble.
2. Use the kettle in the middle of the table.
3. The couple were muddled a little.
4. Buckle your seatbelt in a tunnel.

7.2.3.5 破擦音化

破裂音の中でも特に歯茎音の /t/, /d/ は，アクセントのある音節をさらに強く発音する際に摩擦音が聞こえることがあります。たとえば，time は強く発音すると「ツァイム」に聞こえますが，これは語頭子音 /t/ に摩擦音の /s/ を伴うからで，**破擦音化（affrication）**といいます。この場合 /tˢaɪm/ と表記されます。

7.3 弱くなる音

7.3.1 強形と弱形

英語は強弱のリズムを持つ言語であることを，第 4 章の「4.1 アクセントとリズム」で述べました。したがって強く発音される音節を持つ単語は，比較的聞き取りやすいものの，弱く発音される音節を含む単語は聞き取りにくくなります。ここでは，リズムの谷間ともいうべき弱音節を含む，弱く発音される語の発音について詳しく考察します。

日本人学習者を対象に英語の書き取りテストをすると，意外と基本的な単語が聞き取れないことが多いことがあります (Suenobu, Yamane, & Kanzaki, 1989)。また，かなり語彙力のある英語学習者でも，場合によっては簡単な英語が聞き取れないことがあります。たとえば，"as a matter of fact" は，基本的な単語で構成されています。しかし，/ǽz éi mǽtɚ áv fǽkt/ のようにすべて強形で発音されればわかりやすいのでしょうが，日常会話でこのように発音する英語母語話者はまずいません。これは「ズマラファ」と聞こえることがあります。as, a, of など，普通，アクセントを受けない機能語は弱形で発音されるので /(ə)z ə mǽtɚ (ə)v fǽ(kt)/ となるからです。英語学習者の多くの人は，個々の機能語の発音を強形で覚えようとするため，このような弱形を多く含む発音が聞き取れないことになります。弱形発音の克服が聞き取り能力向上の鍵となります。

冠詞，前置詞，接続詞などの基本語彙である機能語は普通，アクセントを受けずに弱く発音され，リズムの谷間に沈んでしまうので聞き取りにくい

場合があります。たとえば、接続詞の and は強形では /ænd/ と発音されますが、文の中では、弱形発音の /ənd, ən, n/ となります。Suenobu, Yamane, and Kanzaki（1995）で内容語と機能語に分けて、英語学習者の聞き取り能力における伸びを比較したところ、機能語の方がリスニング力が高かったと報告しています。このことから、機能語の数は限られていますので、いったんそれぞれの弱形を音声として聞き取れるようになれば、機能語のリスニング力は定着しやすいといえます。機能語の発音の要領をつかむのが本セクションのねらいです。

　文中における単語の発音上の相対的な強さは、その語の持つ内容的な重要度、すなわち情報量の多さに比例して決まります。品詞で分類すると、比較的情報量の多い一般動詞、名詞、形容詞、副詞などの**内容語**（**content word**）は普通、文アクセントを受けます。冠詞、前置詞、接続詞、代名詞、助動詞、be 動詞など、主に文中において文法的なつながりを示す働きを持つ**機能語**（**function word**）は普通、文アクセントを受けません。機能語は約 40 種類と数は少ないものの（Roach 2009, p. 89）、英語の中では使用頻度が高いので、十分その発音に慣れておく必要があります。

　英単語の発音の仕方は、ただ 1 種類とは限りません。たとえば助動詞の will でその変化を見てみましょう。

　　　a) Yes, he will. /wɪl/
　　　b) Will he do it? /wɪl/
　　　c) What will it be? /wəl/
　　　d) She'll do it. / l /

a), b) の例では will はそれぞれ語尾、語頭にあるので比較的明瞭に /wɪl/ と発音されます。これを will の**強形**（**strong form**）といいます。他方 c), d) ではアクセントを受けないので、素早く、弱く /wəl/ と、/ɪ/ があいまい**母音**（**schwa**）の /ə/ に変わったり、前半の /wɪ/ が脱落し /l/ だけが残った発音になったりします。これを will の**弱形**（**weak form**、もしくは **reduced form**）

といいます。機能語の中でも，例外として may, might, ought, out, by のように二重母音，長母音を含むものは弱形を持ちません。

　本来強勢を受けない機能語も，文中での位置やそのときの意味などによっては強く発音されることがあります。文中の機能語は普通，弱形で発音されますが，文末では強形になります。ただし，人称代名詞の she, he, we, you, him, her, them, us は普通，文末の位置でも弱形で発音されます。

　　In the morning I'm always late getting out of bed.
　　　　　　　　　　　　　　　　　　　　　/əv/ 弱形

　　It was not something to be proud of.（文末）
　　　　　　　　　　　　　　　　　/ɑv/ 強形

　　I haven't met her.（文末）
　　　　/ɚ/ 弱形

　　You can keep them.（文末）
　　　　/ðəm/ 弱形

　機能語は次の場合，原則的に強形で発音されます。
1）機能語を引用形式で発音するとき。
　　You should avoid beginning a sentence with "and."
　　　　　　　　　　　　　　　　　　　　　/ǽnd/

2）意味を強調したいとき。
　　I have some money, but not much.
　　　　/sʌ́m/

　　He was right after all.
　　　/wʌ́z, wɑz | wɒz/

3）意味を対照的に強調したいときは，機能語も強形で発音されます。これを，**対照アクセント**（**contrastive stress**）といいます。

The present is for her, not for him.
　　　　　　　　　　　/hə́ː/　　　/hím/ 強形

4) 対句表現や他の語と呼応しているときも，強形発音になります。

It has been raining off and on today.
　　　　　　　　　/ɑ́ːf, ɔ́ːf/　　/ɑ́n, ɔ́ːn/ 強形

He travels to and from London on business.
　　　　　　　　/túː/　　/frʌ́m/ 強形

Some students like math, but others don't.
/sʌ́m/ 強形

助動詞の must は，文意を特に強調したいときには強形発音を使い，「～に違いない」という意味のときは弱形発音にはなりません。

This homework must be finished by the end of this week.
　　　　　　　　　　/mʌ́st/ 強形

He must be joking.
　　/mʌ́st/ 強形

指示代名詞の that は強形です。

He was late today, but that doesn't happen very often.
　　　　　　　　　　　/ðǽt/ 強形

助動詞の can, could, shall, should, must などや be- 動詞の am, are, was, were などは文中で弱形になりますが，否定形では弱形は使われません。

Where can I put it?
　　/kən/ 弱形

第7章 音声変化

You can't put it there.

/kǽnt | kάːnt / 強形

以下に，代表的な機能語の強形発音と弱形発音をあげました．

表 7-1 機能語の強形発音と弱形発音

語	強形発音	弱形発音	例
a, an	/éɪ/, /ǽn/	/ə/（子音の前） /ən/（母音の前）	I've got <u>a</u> few good ideas. You need to fill out this form to open <u>an</u> account.
the	/ðíː, ðʌ/	/ðə/（子音の前） /ði/（母音の前）	Everything in <u>the</u> store is 10 percent off today only. Cut <u>the</u> apple into half, please.
he	/híː/	/hi/（文頭） /iː, i/	<u>He</u> is good looking, isn't <u>he</u>? /hi/　　　　　　　　　/ízn̩ti/
him	/hím/	/ɪm/	Don't tell <u>him</u> about it.
his	/híz/	/ɪz/ /hɪz/（文頭）	Tom resembles <u>his</u> father. <u>His</u> ability in English is excellent.
she	/ʃíː/	/ʃi/	What's <u>she</u> like?
her	/hɚ́ː/	/hɚ/（文頭） /ɚː, ɚ/	<u>Her</u> grandparents bought a doll for <u>her</u> birthday. /hɚ/　　　　　　　　　　　　/ɚ/
your	/jóɚ, jɔ́ɚ/	/jɚ/	What's <u>your</u> name?
them	/ðém/	/ðəm, əm/	Leave <u>them</u> alone.
us	/ʌ́s/	/əs, s/	My friend asked Terry to join <u>us</u> for a game.
are	/άɚ/	/ɚ/	When <u>are</u> you coming? Where <u>are</u> you from?
have	/hǽv/	/həv/, /əv/（文頭では /h/ は脱落しません。）	You must <u>have</u> done it. I'<u>ve</u> got to go now.
has	/hǽz/	/həz/, /əz/, /z/（文頭では /h/ は脱落しません。）	My mother <u>has</u> inspired me the most in my life.

had	/hǽd/	/həd/, /əd/, /d/（文頭では /h/ は脱落しません。）	It was the same book that I had just finished reading.
will	/ wíl /	/wəl/, /l/	She'll be here soon. We'll do our best.
shall	/ʃǽl/	/ʃəl/, /ʃl̩/	Which way shall we go? We shall never see him again.
should	/ʃʊ́d/	/ʃəd/	You really should go.
can	/kǽn/	/kən/, /kn̩/	I can take care of it. I can handle this.
could	/kʊ́d/	/kəd/	I wish I could attend the meeting. I could take care of you.
must	/mʌ́st/	/məst/（母音の前） /məs/（子音の前）	Most of us must earn to live. I must say it was nice to have a week off.
some	/sʌ́m/	/səm/, /sm̩/ /sʌm/（文末）	I'll save some money for future needs. Give me some water, please. The child asked for candies, so I gave her some.
am	/ǽm/	/əm/	I am really looking forward to the party.
are	/ɑ́ɚ/	/ɚ/	How old are you?
was	/wʌ́z, wɑ́z/	/wəz/	I wondered what was going on.
were	/wɚ́/	/wɚ/	There were about ten of us altogether.
do	/dúː/	/du/（母音の前） /də/（子音の前）	Why do all the students want to take that class? How much do they differ?
does	/dʌ́z/	/dəz/	How does it feel to win the game?
for	/fɔ́ɚ/	/fə/ /fɔɚ/	Are you ready for the test? What did you have for breakfast? What is this used for?
of	/ʌ́v, ɑ́v/	/əv/, /v/ /ɑv/（文末）	Give me a piece of paper. In the morning I'm always late getting out of bed. What is it made of?
at	/ǽt/	/ət/ /æt/（文末）	Let's go to town to do some shopping at the mall. What are you looking at?

on	/ɑ́n, ɔ́:n/	/ən/	He will leave for the U.K. on the fifteenth of August.
that	/ðǽt/	/ðət/（関係詞）	They asked me questions that I didn't understand.
to	/túː/	/tə/（子音の前） /tu/（母音の前，文末）	What do you say to that? I didn't know what to say. I wasn't sure what to expect. —Why did you do it? —Because I wanted to.
from	/frʌ́m, frɑ́m/	/frəm/ /frɑm/（文末）	He comes from a very wealthy family. Where are you from?
and	/ǽnd/	/ənd/, /ən/, /n̩/	bread and butter, black and white, fish and chips
but	/bʌ́t/	/bət/	Our hotel was great but it was a little expensive.
than	/ðǽn/	/ðən, ən/	There are more than one hundred temples in the city.
as	/ǽz/	/əz/	Finish your homework as soon as you can.

母音の弱化（**vowel reduction**）を起こすのは機能語に限りません。アクセントのない内容語の中の音節にも見られます。たとえば，以下の例を見てみましょう。

1) photograph /fóʊtəgræf/
2) photographer /fətɑ́grəfɚ/

1) では第1音節にアクセントがあるので母音は /oʊ/ という二重母音ですが，2) ではアクセントの位置が第2音節に移動するので，あいまい母音（schwa）の /ə/ に変化しています（第5章参照）。

以下では代表的な機能語の発音を含む例文を見ます。

1. I'll introduce Mary and Kelly.

　I'll ← I will のように，弱形は文字では短縮形でつづられるものもあります。Mary and Kelly（メアリーさんとケリー君）の and はごく弱く発音されると /n/ の音しか聞こえなくなります。Mary and /ənd, ən, n/ Kelly のように，

対句として2つの語をつないでいる and は弱く発音されやすいのです。他の例として bread <u>and</u> butter, cup <u>and</u> saucer などがあります。

2. There'*s* a book there. There's /ðeɚz/ ← There is

3. Mary ate *an* apple *and a* pear.

ate an apple /éɪtənǽpl̩/, and a /ənə/　and の弱形発音とともに前後の語がつながって「エイタンナポー」,「アナァ」のように聞こえます。

4. Bob took it *from* John.

took it from /túkɪ(t)fr(ə)m/　it と from はすばやく弱く発音されます。

5. I'*ve* got *some* money.

I've /aɪv/, some /s(ə)m/

6. You *must* ask again.

must /məs(t)/

7.4　聞こえなくなる音

　子音や母音が，口語体のくだけた発話において，聞こえなくなる現象を**音声脱落**（**elision**）現象といいます。あるいは，"deletion" や "omission" という用語が使われることもあります。話すスピードが速くなればなるほど，またカジュアルな場面での会話ほど音は脱落するか，はっきり発音されにくくなります。これは，発話速度が速くなると，それだけ調音器官の動きも速くなるため，できるだけ調音運動を少なくしようとするからです。隣接音の影響を受けることによっても音の脱落が生まれます。一般的に若い人の話しことばの方が，年配の人よりこの現象がよく見られます。日本語でも，若者の間のくだけた会話では「やっぱり」の「り」が脱落して「やっぱ」になるのをよく耳にします。英語でも because の語頭音節が脱落した 'cause や，working の語尾を略した workin' のような表記は，歌の歌詞や映画のシナリオなどでもよく見ます。

　「聞こえない音を聞き取る」のは難しいかもしれませんが，音声脱落現象では，むやみに音が省略されるのではなく，ある程度の規則性があります。

本節ではその規則性について解説します。

7.4.1 確立脱落

英単語のつづり字の中には発音されないものがあります。たとえば，castle /kæsḷ/ の /t/ は発音されないので**黙字（silent letter）**と呼ばれます。このような語の場合，つづり字の上では文字として残っていますが，歴史的展開の過程で音が落ちていったと考えられています。これを**確立脱落（established elision）**といいます。他にも，cupboard /kʌbəd/, handsome /hænsəm/, fasten /fæsn̩/ などがあります。また，一般的に often は，米音・英音とも /t/ を入れない発音の方が多く用いられていますが，/t/ を入れて発音する人も少なくありません。

 castle /kæsḷ | kɑːsḷ/, cupboard /kʌbəd/, handsome /hænsəm/, fasten /fæsn̩ | fɑːsn̩/, often /ɑfn̩, ɑftn̩ | ɔfn̩, ɔftn̩ /

1. I often forget to fasten my seat belt.
2. Look at the handsome guy by the castle.

7.4.2 偶発脱落

様々な条件によって，音が脱落したりしなかったりするものを**偶発脱落（accidental elision）**あるいは "contextual elision" といいます。以下の例のように /-st, -ft, -ʃt, -nd, -ld, -zd, -ðd, -vd/ で終わる語の後に，子音で始まる語が続くときに /t, d/ は脱落しやすくなります。

blind man	/blaɪn(d) mæn/	breathed foul air	/briː(ð)(d) faʊl eə/
closed door	/kloʊz(d) dɔə/	cold lunch	/koʊl(d) lʌntʃ/
finished surface	/fɪnɪʃ(t) səːfəs/	last time	/læs(t) taɪm/
roast beef	/roʊs(t) biːf/	served sherry	/səːv(d) ʃeriː/
stuffed potatoes	/stʌf(t) pəteɪtoʊ/		

1. The host ser<u>v</u>ed <u>s</u>herry before dinner.

2. The la<u>s</u>t <u>t</u>ime I had roa<u>s</u>t <u>b</u>eef was a long time ago.

3. She heard the noise through the clo<u>s</u>ed <u>d</u>oor.

「7.1 つながる音」では，話しことばにおいて連続する語は，1語ずつ区切って発音するのではなく，まとまった意味単位ごとに続けてなめらかに発音されることがわかりました。たとえば，sit down はなめらかに発音されると /sɪdaʊn/ のように，sit の語尾の /t/ は後続の down の /d/ に吸収されるような形で聞こえなくなります。/t/ と /d/ はいずれも閉鎖音で，調音場所も歯茎と共通しています。このように隣接する2つの子音の調音場所が同じか，調音方法が同じであったり，または，全く同一の子音が連続して現れると，先行子音が発音されずに脱落してしまうことがよくあります。

日本人学習者が英語の文を発音すると，文字にとらわれ1語1語きっちりと発音しようとする傾向があります。したがって，英語らしい「なめらかさ」に欠けてしまいます。音声脱落は，必ずしもぞんざいな発音ではなく，英語として自然な発音なのです。また，リスニング力を伸ばすためには，英語母語話者の発話につきものの音声脱落に慣れておく必要があります。

脱落は子音でよく起こりますが，次のように母音が落ちることによって音節そのものが脱落することもあります。くだけた会話での発音において，たとえば perhaps/pɚhæps/ は，最初の音節の母音と，その後に続く /h/ が脱落して /præps/ と発音されて，「プラップス」と聞こえることがあります。このように，あいまい母音の /ə/ は，その前後にアクセントのある音節があるときしばしば脱落するか，聞こえないほど弱くなります。

about /(ə)baʊt/, above /(ə)bʌv/, because /(bə)kɔːz/, camera /kæm(ə)rə/ chocolate /tʃɔ(ː)k(ə)lət, tʃɑk- /, family /fæm(ə)li/, favorite /feɪv(ə)rət/, perhaps /p(ɚh)æps/, suppose /s(ə)poʊz/, vegetable /vedʒ(ə)təbl/

1. I s<u>u</u>ppose she talked <u>a</u>bout her fav<u>o</u>rite veg<u>e</u>tables.

2. A̲bove all, I like choc̲olate the best.

3. Pe̲rhaps it's his came̲ra.

「4.1 アクセントとリズム」のセクションで，英語は音の強弱のリズムが中心となるストレス・アクセント（stress accent）の言語といわれていることを述べました。たとえば，アメリカのアイスクリーム店で vanilla /vanɪlə/ の第1音節を極力弱く発音して Vanilla /(və)nɪlə/ please.「(バ) ニラ，プリーズ」と言っても通じるはずです。日本人学習者は1つ1つの音節をすべてはっきりと発音する傾向があります。なめらかな英語発音のためには，音をうまく省いて発音したり，弱音節の箇所では弱く発音するよう練習する必要があります。以下では，子音の「聞こえなくなる音」を3つの場合に分けて考察します。

語末の閉鎖音

語尾や文末の閉鎖音は普通，破裂を伴わずに発音されます。閉鎖音は，1) 口腔内で呼気をいったん遮断し（閉鎖），2) しばらく空気の流れを止め（保持），3) 高まった圧力を鋭く開放（破裂）するときに生まれる音です。英語の6つの閉鎖音 /p, t, k, b, d, g/ は，母音の前では呼気が開放され帯気音を伴いますが，どんな場合でも開放を伴うとは限りません。自然な速さの英語では，3) の開放（破裂）の段階がなくて，2) の保持の段階で終わってしまうことがあるので，語尾や文末の閉鎖音が聞き取りにくくなります（第6章子音の発音を参照）。

1. I like your brown ca̲t.

2. I like your brown ca̲p.

brown cat と brown cap の /t/ と /p/ はいずれもほとんど破裂を伴わないため，弱く発音されて単語の区別がつきにくくなる場合があります。次は，語尾の破裂音の呼気開放が弱い例です。

1. Loo<u>k</u>!
2. Watch ou<u>t</u>!
3. Never min<u>d</u>.
4. Shall we dance to the musi<u>c</u>?
5. You should keep in ste<u>p</u>.

同じ子音が二つ続く場合

　goo<u>db</u>ye, foo<u>tb</u>all, o<u>bj</u>ect のように同一単語内、または we<u>t</u> <u>t</u>owel, bes<u>t</u> <u>p</u>lace, grea<u>t</u> <u>j</u>oke のように異なる単語間で二つの閉鎖音が続いたり（閉鎖音＋閉鎖音），閉鎖音の後に破擦音（閉鎖音＋破擦音）が来た場合，一つ目の閉鎖音が聞こえなくなることがあります。これは最初の閉鎖音では呼気の開放をしないで，二つ目の閉鎖音や破擦音にときに呼気を開放するからです。このような 2 子音連続の場合，最初の閉鎖音が聞こえなくなりますが，発音上はほとんど聞こえなくても，タイミング的にはワンテンポ残して二つ目の閉鎖音を発音するとよいでしょう（Celce-Murcia et al., 2010, p. 178）。閉鎖音が二つ重複する（gemination）場合は，呼気を「保持」する時間を約 2 倍にすると良いといいます（Cruttenden 2014, p. 170）。

　また，le<u>ss</u> <u>s</u>erious のように二つの同一摩擦音が連続した場合は，最初の /s/ をやや伸ばし気味に発音すると良いでしょう。二つの同じ子音を別々に発音することはありません。次は二つの閉鎖音が続いたり（閉鎖音＋閉鎖音），閉鎖音の後に破擦音（閉鎖音＋破擦音）が来たり，同一の摩擦音が連続（摩擦音＋摩擦音）する例です。

```
dropped,    goodbye,    football,    rubbed,    object
 /(p)t/      /(d)b/      /(t)b/      /(b)d/    /(b)dʒ/
bad day, big boy, dark clouds, good driver, hate to, hot tea, keep practice,
 /(d)d/   /(g)b/    /(k)k/      /(d)d/      /(t)t/   /(t)t/    /(p)p/
part time,  red dress,  short time,  white cat,  dark chocolate,
 /(t)t/      /(d)d/      /(t)t/      /(t)k/       /(k)tʃ/
```

第 7 章　音声変化

great joke,　less serious,　fresh shrimps,
　　/(t)dʒ/　　　　/s:/　　　　　/ʃː/

《発音のポイント：連続する閉鎖音》
・呼気の解放は一回。
・hot tea は「ハッティー」。

1. He hates to have hot tea for a short time.
2. After a short time she appeared in a red dress.
3. A good driver shouldn't work on a part time basis.

図 7-7 のスペクトログラムでは，二つ目の破裂音の /t/ が気息音（aspiration）として摩擦性を帯び，引き延ばされて発音されていることが表されています。

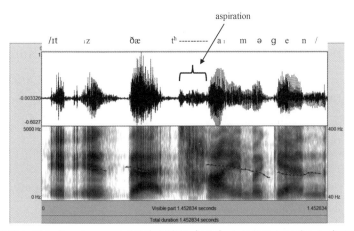

図 7-7　"it is that time again" の音声波形（上図）とスペクトログラム（下図）

このように閉鎖音が二つ続いた場合，最初の閉鎖音では呼気の開放が起こらないため，ほとんど聞こえなくなります。たとえば，bagged /bæ(g)d/ の /g/ や attempt /ətem(p)t/ の /p/ は，音がごく弱くなります。以下は，ニュース英語において閉鎖音，鼻音，摩擦音が連続した例です（Yamane & Yamane, 2013）。

　　...urging the Supreme Court to strike down California's Proposition 8,...
　　　　　　　　　　　　　　　　　　　/straɪ(k)daʊn/

197

..., nursing them for up to three years.
/ʌ(p)tə/

..., possibly deciding for the first time whether there is a constitutional right to marriage. /fɚːs(t)taɪm/ /raɪ(t)tə/

Husband and wife team Mark and Donna met here on the line.
/tiː(m)maɚk ən(d)dɑnə/

This Sunday, their third Super Bowl ad, $4.5 million and their message.
/ðɪ(s)sʌndeɪ/

Up to 40 jackknifed tractor trailers in Illinois, drivers stranded in their cars.
/dʒæknaɪf(t)træktɚ/

..., 400,000 Americans rushed to the hospital by helicopter last year alone.
/rʌʃ(t)tə/

The hit Broadway show probably helped to save his place on the $10 bill.
/help(t)tə/

The virus linked to brain birth defects in newborns.
/lɪŋk(t)tə/

That's creaky. That's scary.
/ðæt(s)skeɚri/

On the steps of the High Court today, abortion foes facing off against abortion rights supporters.
/raɪt(s)sʌpɔɚtɚz/

たとえば，sit down のように語を挟んで閉鎖音が連続したり，big church のように閉鎖音の次に破擦音が来る場合には，最初の閉鎖音では呼気開放は行われません。そのため最初の閉鎖音は脱落したかのように聞こえます。このような呼気の開放を伴わない閉鎖音は［˺］の記号で表記し，goodbye /gʊd˺baɪ/ と表します。

big cars, big church, good jury, football, sit down, that dog, white chalk
/gˋk/　　/gˋtʃ/　　　/dˋdʒ/　　/tˋb/　/tˋd/　　/tˋd/　　/tˋtʃ/

7.4.3 閉鎖音の連鎖
7.4.3.1 調音点が異なる場合

たとえば goodbye /gʊdbaɪ/ は,「グッバイ」に聞こえます。語中には閉鎖音の /d/ と /b/ が連続して現れています。/d/ は歯茎音で /b/ は両唇音なので調音点が異なります。閉鎖音には前に見たように呼気の「閉鎖」,「保持」,「開放」という 3 段階の発音プロセスがあります。この連続した閉鎖音の発音プロセスを図式化すると図 7-8 のようになります。/d/ の呼気開放（release）が /b/ の「保持」の途中から始まっているのがわかります。/d/ の発音では「保持」の後, 舌先は歯茎から離れて呼気開放段階に入る際に, 後続の /b/ で上下唇の接触のため呼気が保持されます。したがって /d/ の開放音は聞こえないことになります。二つの閉鎖音が連続した場合は, 最初の閉鎖音の呼気開放がないので音自体が消えてしまったかのように聞こえます。

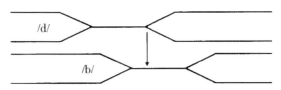

図 7-8　連続した 2 つの閉鎖音の調音点が異なる場合
（Ashby & Maidment, 2005, p. 126 にもとづく）

act /ækˋt/, asked /æskˋt | ɑskˋt /, begged /begˋd/, blackboard /blækˋbɔɚd/, dropped /drɑpˋt/, football /fʊtˋbɔːl/, goodbye /gʊdˋbaɪ/, grabbed /græbˋd/, packed /pækˋt/, product /prɑdəkˋt/, robbed /rɑbˋd/
black tie /blækˋtaɪ/, that pen / ðætˋpen/, that cup /ðætˋkʌp/

7.4.3.2 調音点が同じ場合

big cars /bɪgkɑɚrz/ の発音では, 語を挟んで調音点が両方とも軟口蓋の閉鎖

音 /g/, /k/ が連続しています。このような場合は図 7-9 のように /g/ の軟口蓋閉鎖が /k/ まで「保持」され，最初の閉鎖音 /g/ は呼気の「開放」を伴いません。したがって /g/ は発音されていないように聞こえますが，実際の発音上では「保持」の状態で後続音の /k/ に移行しています。

図 7-9　連続した 2 つの閉鎖音の調音点が同じ場合
（Ashby & Maidment, 2005, p. 126 にもとづく）

　米音では twenty /twenti/ が「トゥエンニー」のように聞こえることがあります。これは語中で調音点の同じ（歯茎音）/nt/ が続くと，/t/ 音が脱落することがあるからです。/nt/ の前の母音にアクセントのあるとき，特に，くだけた発話で見られる現象です。

　　　enter / en(t)ɚ/, hunter /hʌn(t)ɚ/, Santa Claus /sæn(t)ə klɔːz/, twenty /twen(t)i/, winter /wɪn(t)ɚ/

　　　1. Mr. hunter took a twenty-day winter break.
　　　2. The girl in Toronto believes in Santa Clause.

7.4.4　子音が 3 つ以上続く場合

　一つの語の中で 3 子音が連続する場合以外に，2 つの単語にまたがって 3 つ以上の子音が連続することもあります。その際，最初の語に閉鎖音の /t/, /d/ が含まれる場合は，/t/, /d/ では閉鎖音の 3 つの発音ステップである「閉鎖」「保持」「破裂（開放）」（第 6 章　子音の発音を参照）の内，呼気の開放を伴わないため，破裂の音が聞こえなくなります。たとえば，loved peace /lʌv(d)piːs/ では，/d/ では呼気が「保持」されたままで後続の /p/ で初めて開放されます。「保持」の時間があるので，love peace /lʌvpiːs/ のような 2 子音

連鎖よりは，発話時間はやや長くなります．以下は 3 ～ 6 子音連鎖の例です．すべての場合で /t/, /d/ という歯茎閉鎖音が脱落するか，仮に発音されてもごく弱く聞こえにくくなります．

  3 子音連鎖：locked door /lɑk(t)dɔɚ/, looked back /lʊk(t)bæk/,
      loved peace /lʌv(d)piːs/, liked them /laɪk(t)ðəm/,
      old bicycle /oʊl(d)baɪsəkl/, wept bitterly /wep(t)bɪtɚli/,
      west side /wes(t)saɪd/
  4 子音連鎖：whipped cream /wɪp(t)kriːm/, thanked them /θæŋk(t)ðəm/,
      left plates /lef(t)pleɪts/
  5 子音連鎖：cold spring /kʊl(d)sprɪŋ/
  6 子音連鎖：next spring /neks(t)sprɪŋ/

1. He thanked them.
2. She left plates full of whipped cream.
3. They looked back on the strengths and the weaknesses of the economic policy.

/h/, /θ/, /ð/, /f/, /v/ の脱落

たとえば，tell him /tel hɪm/ では，/h/ が脱落して /telɪm/ になるため，「テレ（リ）ム」に聞こえることがあります．このように，アクセントのない人称代名詞の he, him, his, her や助動詞 have, has, had などの語頭の /h/ は，脱落して発音されないことが多いです．have は /h/ が脱落して /əv/ になったり，/v/ も脱落してあいまい母音の /ə/ しか残らないこともあります．I could have /aɪ kədə/ は「アイカダ」と聞こえます．ただし，"h" で始まるこれらの語が，文や節の冒頭に来る場合には /h/ 音は脱落しません．アクセントのない of /əv/ の /v/ も，くだけた話しことばでは落ちやすく，a lot of money /ə lɑtə mʌni/ は「ァロタマニ」に聞こえます．また，call them /kɔːl(ðə)m/ などの /ð/ も落ちやすいといえます．

ask her /æskɚ/, call them /kɔːl(ðə)m/, take them /teɪk(ðə)m/, tell him /hɛlɪm/, a lot of money /ə lɑtə mʌni/, I could have /aɪ kədə(v)/
He pushed him on his back. /hi pʊʃtɪm ɑnɪz bæk/

clothes /kloʊðz/ のような語尾子音連鎖の場合 /ð/ が脱落して /kloʊz/ のように発音されます。months /mʌnθs/ も /θ/ が脱落し，先行する /n/ と調音点が同じ /t/ に入れ替わって /mʌn(t)s/ と発音されるので「マンツ」のように聞こえます。

clothes, fifths, months, sixth, tenths
1. Two fifths you get a hundred and forty-four.
2. Seven tenths of this earth's surface is water.

注
1）この現象はリエゾン（liaison）と呼ばれることもあります。
2）Cruttenden（2014, p. 171）によると，鼻腔開放音にならない発音は，一般的に子どもっぽい発音とされてきましたが，最近の英音では，この発音を避ける傾向があり，むしろ cotton /kɒtən/, sudden /sʌdən/ のように発音されます。

7.5　第7章のまとめ

☐普通の速さの話しことばでは，なめらかに発音された場合，調音器官は絶え間なく動くので個々の単語の間にあるポーズはごく短く，音の流れに切れ目はありません。
☐隣り合う二つ以上の単語が，つながり合う現象を連結（linking）といいます。
☐連結現象の中で，先行する単語の語尾のつづり字が "-r" "-re" の場合は "r" 連結（r-linking）と呼ばれます。
☐先行する単語の語尾子音の /n/ と連結する場合は "n" 連結（n-linking）といいます。

第 7 章　音声変化

□主に単語内で，ある音の調音に際して同時に副次的な別の調音が行われ，一方の音がその影響で変化する現象を，同時調音（co-articulation）といいます。

□同化現象には進行同化（progressive assimilation），逆行同化（regressive assimilation），相互同化（reciprocal assimilation）があります。

□一般動詞，名詞，形容詞，副詞などの内容語（content word）は普通，文アクセントを受けます。

□冠詞，前置詞，接続詞，代名詞，助動詞，be 動詞など，主にセンテンス中において文法的なつながりを示す働きを持つ機能語（function word）は普通，文アクセントを受けません。

□子音や母音が，口語体のくだけた発話において，聞こえなくなる現象を音声脱落（elision）現象といいます。

復習課題

7-1　くだけた会話では going to は，よく gonna /gənə, gɑ(ː)nə | gɔnə / と発音されますが，その音声変化の過程を説明してください。

7-2　アクセントの位置の移動によって母音の弱化（**vowel reduction**）が見られる内容語の例を 2 つあげてください。

7-3　下線部の母音の弱形発音に注意して発音してください。

　1. Jack w<u>i</u>ll give <u>u</u>s <u>a</u> few facts <u>a</u>bout th<u>e</u> muse<u>u</u>m in <u>a</u> moment.

　2. It's <u>a</u> lot <u>o</u>f fun t<u>o</u> read <u>a</u>bout the history <u>o</u>f Germ<u>a</u>ny.

　3. There's <u>a</u> shop where you c<u>a</u>n buy gifts fr<u>o</u>m <u>a</u>round th<u>e</u> world.

　4. It takes <u>a</u>bout <u>a</u> little more than two hours t<u>o</u> go fr<u>o</u>m London t<u>o</u> Paris by train.

　5. You really need <u>a</u> whole day t<u>o</u> see everything in th<u>e</u> muse<u>u</u>m.

7-4 機能語が文アクセントを持つのは，どのような場合か説明してください。

7-5 次の文中の下線を引いた機能語のうち，普通，弱形発音になるものを選んでください。

　　1. Why are you going?　　a) Because I want to.
　　　　　　　　　　　　　　b) Because I want to go.
　　2. ―I heard that you can't swim.
　　　　―Oh, I can swim.
　　3. ―You can eat it now.
　　　　―Can I?
　　4. I'm glad that you came here.
　　5. It is not her, but him.
　　6. Shall I go first?

7-6 cat は /kæt/ と表記され，「キャット」と聞こえます。語の最初が拗音の「キャ」に聞こえる理由を説明してください。同じ /æ/ でも，たとえば pat /pæt/ では「ピャ」とは聞こえません。

7-7 次の 1〜5 の表現を含む文を自由に作り，同化現象に注意して発音してください。

　　1. Could you please _____ ?
　　2. Would you like _____ ?
　　3. What's your _____ ?
　　4. As you know, _____ .
　　5. _____ last year.

7-8 単語と単語がつながる箇所に（‿）の記号を入れてください。括弧内の数字はつながる箇所の数を示しています。

1. I have a sore throat and a fever. (3)
2. A friend in need is a friend indeed. (5)
3. An important game is scheduled for the weekend. (2)
4. What I need is a lot of rest. (4)
5. All work and no play makes Jack a dull boy. (2)

第8章　様々な英語発音

◀ 本章の目的 ▶

1 ⇒ アメリカ英語とイギリス英語の発音上の違いを理解します。
2 ⇒ 話し相手に通じやすい英語発音とは何かについて考えます。
3 ⇒ コミュニケーションに支障をきたす英語発音について学びます。

8.1　アメリカ英語とイギリス英語

　イギリスの標準発音は，伝統的には**容認英語**（**Received Pronunciation: RP**）と呼ばれています。これは，英国には様々な発音上の**変種**（**variety**）があるものの一般的に容認，すなわち認められてきた発音であるということを意味します。しかし，他の変種が認められない意味に解釈されるのを避けるために，イギリスの標準発音は **BBC 発音**（**BBC pronunciation**）とも呼ばれます（Roach, 2009, p. 3）。BBC のニューズキャスターたちの中には，イギリス人だけではなく，スコットランド人，ウェールズ人，アイルランド人がいて，それぞれの地方の発音変種（accent）は残しつつも，発音は標準的なイギリス英語です。

　伝統的な RP は英国王室，パブリックスクール，オックスフォード大学で話される発音で，**オックスフォード英語**（**Oxford English**），**女王様の英語**（**Queen's English**）とも呼ばれてきました。気取った（posh）で権威主義的なにおいもするといわれます。この古いタイプの RP 発音では，/ɜ(ə):/ の発音の舌の位置はかなり高めになります。たとえば，earth, serve, church などの母音 /ɜ(ə):/ は，米音の /ɚ:/ とは大きく異なり，口を縦に開け気味に発音します。

この伝統的な RP 発音は 1960 年代から，それ以前の発音とは大幅に異なってきています。最近では，この RP 使用者は比較的高い年齢層に限られてきており，王室でさえ，ハリー王子のような若い皇室のメンバーは現代的な発音を使います（Cruttenden, 2014, p. 80）。このような古いタイプの RP 発音と区別するために**現代版 RP（Modern RP）**や，一般アメリカ英語（GA）と対応させて**一般イギリス発音（General British: GB）**と呼ばれるようになってきました。ここまで本書ではこの GB 発音のことを英音と呼んできました。

　現代的なイギリス英語発音の中でも，特にロンドン在住のロンドン子の発音は**河口域英語（Estuary English）**[1]と呼ばれており，イギリス南東部で広く使われているのみならず，他のイギリス都市部にも広がりつつあります。この発音変種はイギリスの標準英語（RP）とロンドンの下町の発音変種である**コックニー（Cockney）**[2]の中間的な特徴を備えています。閉鎖音が頻繁に声門音化するのが特徴で，歯切れがよく（clipped）聞こえますが，早口な印象になります。

　英国（Britain）は，イングランド（England），ウェールズ（Wales），スコットランド（Scotland），北アイルランド（Northern Ireland）から構成されて，それぞれ英語の発音に異なる点があります。その中で，イギリスの英語に限定すると大きく北部（northern）発音と南部（southern）発音に分かれます。一般的にランカシャー（Lancashire），ヨークシャー（Yorkshire）地方以北に特徴的な発音のことを北部（northern）発音といいます。南部発音の内，もともとはイギリス南東地方の発音がイギリスの標準的な発音でしたが，Trudgill & Hannah（2008, p. 15）によれば，最近ではイギリス中のどの地方に行っても上流中産階級（upper-middle class），上流階級（upper class）の人々は標準的なイギリス英語を話します。イギリスにおける発音の違いは，地域による発音変種（regional accent）の相違以外にも，社会階層の違いによる発音変種（social accent）の違いも大きな要素になっているのです。

　アメリカの標準発音は**一般アメリカ英語（General American: GA）**と呼ばれ，東部のニューイングランド諸州と南部を除く，アメリカ国土の大部分を

占める中西部で話されている英語です。これまで本書では GA のことを米音と呼んできました。

8.1.1 母音の相違
/ɑ/---/ɒ/

hot の母音は，米音では /ɑ/ になり，英音ではこれより舌の位置はやや後ろ寄りで，やや高い /ɒ/ の発音になります（第 1 章，表 1-1 を参照）。米音は日本語の「ア」に，英音は「オ」に聞こえます。

	米音	英音
box	/bɑks/	/bɒks/
hot	/hɑt/	/hɒt/
top	/tɑp/	/tɒp/
want	/wɑnt/	/wɒnt/

/æ/ の発音

米音では口の周りの筋肉を緊張させ，日本語の「ア」より少し口を縦に開けながら口をかなり横にも広げて発音するため，日本語の「エ」に近く聞こえます。英音では，米音に比べると口の横への広がりは少なめで，日本語の「ア」より少し口を開けて言います。このように米音と英音とでは音質が若干異なるので，英音を表す発音記号として /a/ を使います。また，以下の例のように answer や can't などでは，米音では /æ/ ですが，英音では口を縦に大きく開けて /ɑː/ と音を伸ばして発音します。

	米音	英音
answer	/ænsɚ/	/ɑːnsə/
ask	/æsk/	/ɑːsk/
bath	/bæθ/	/bɑːθ/
can't	/kænt/	/kɑːnt/

class	/klæs/	/klɑːs/
dance	/dæns/	/dɑːns/
gap	/gæp/	/gap/
half	/hæf/	/hɑːf/
happen	/hæpn̩/	/hapn̩/
laugh	/læf/	/lɑːf/

/ɑː/---/ɔː/

　all /ɔːl/ は，米音では /ɑːl/ と発音されることがあります。英音の /ɔː/ は口の奥の方で発音される後舌音で，また唇をすぼめて発音するため，こもったような音の響きになります。

	米音		英音
all	/ɔːl/	(/ɑːl/)	/ɔːl/
law	/lɔː/	(/lɑː/)	/lɔː/
talk	/tɔːk/	(/tɑːk/)	/tɔːk/

/ɚː/---/əː/

　米音では，舌全体を後方に引いて「ア」と「ウ」の中間音を長い目に発音します。発音時には，舌にかなりの緊張を伴う音です。米音（特に中西部）では /r/ の音色が入った「こもった響き」が特徴的です。

　この音は米音と英音では印象がかなり異なります。英音では，あいまい母音の /ə/ を引き延ばすように発音すると /əː/ になります。米音ほど舌に緊張度を伴うことのない音で， /r/ の音色は入りません。米音のように舌を後方に引くのではなく，舌先は下前歯の裏に付け気味にして舌の中央部を持ち上げて「ウー」と発音すればこの音になります。

	米音	英音
bird	/bɚːd/	/bəːd/

第 8 章　様々な英語発音

church	/tʃɚːtʃ/		/tʃəːtʃ/
fur	/fɚː/		/fəː/
third	/θɚːd/		/θəːd/
work	/wɚːk/		/wəːk/

/ɚ/---/ə/

	米音		英音
center	/sentɚ/	centre	/sentə/
father	/fɑːðɚ/		/fɑːðə/
mother	/mʌðɚ/		/mʌðə/

/uː/---/juː/

　米音では，歯茎音の /t, d, n/ に続く /uː/ の前で，わたり音の /j/ は省略されることが多いです。

	米音	英音
duke	/duːk/	/djuːk/
new	/nuː/	/njuː/
student	/stuːdn̩t/	/stjuːdn̩t/
tune	/tuːn/	/tjuːn/

二重母音　/oʊ/---/əʊ/

　米音では，たとえば only /oʊnli/ の最初の音節の母音は，二重母音の /oʊ/ という発音です。米音では，出だしの母音の舌の位置は後ろ寄りですが，英音では出だしは中寄りから始まりますので /əʊ/ という発音になります。しかし，出だしの母音の舌の位置が前寄りすぎると /eʊ/ のような発音になってしまいます。この場合，精密表記では中央母音寄りの（centralized）母音の [ɛ̈] を使い，[ɛ̈ʊ] という音になりますが，これはイギリス上流階級独特の気取った（posh）発音のように聞こえます。英音では，出だしの母音は唇の

丸めを伴いませんが，母音の後半では英音・米音とも円唇音になります。

	米音	英音
boat	/boʊt/	/bəʊ/
go	/goʊ/	/gəʊ/
know	/noʊ/	/nəʊ/
no	/noʊ/	/nəʊ/
only	/oʊnli/	/əʊnli/
open	/oʊpən/	/əʊpən/

/ɔɚ/---/ɔː/

　米音では，たとえば pour /pɔɚ/ は，母音の最後は舌の前舌面を上歯茎に向かって持ち上げ，舌を反り返し気味に発音することで /r/ 音の音色（r-coloring）を付けます。英音では，pour /pɔː/ のように発音するため paw /pɔː/ と同じ発音になります。

	米音	英音
core	/kɔɚ/	/kɔː/
court	/kɔɚt/	/kɔːt/
pour	/pɔɚ/	/pɔː/

/ʊɚ/---/ɔː, ʊə/

　二重母音の /ʊɚ/ は，英音では単母音化され，引き延ばして /ɔː/ と発音されることがあります。たとえば poor は英音では /pɔː/ と発音され，sure は /ʃɔː/ と発音されることがあるので，それぞれ paw /pɔː/, shore /ʃɔː/ と同じ発音になります。

	米音	英音
cure	/kjʊɚ/	/kjɔː/
sure	/ʃʊɚ, ʃɚː/	/ʃɔː, ʃʊə/

poor	/pʊɚ/	/pɔː, pʊə/
tour	/tʊɚ/	/tʊə | tɔː/
your	/jʊɚ, jɔɚ, jɚ/	/jɔː, jʊə, jə/

/eɚ/---/eə, eː/

　二重母音の /eə/ は，英音では単母音化され，引き延ばして /eː/ と発音されることがあります。英音の /eː/ は米音より口の開け方がやや大きく，基本母音の /ɛ/ と同じ口の構えになるので /ɛː/ と表記されることもあります。英音ではスペルに "r" の文字が入っていても /r/ の音色は出さないように注意する必要があります。英音でも "r" の次に母音が続く場合は /r/ の音色を響かせて，たとえば pair of shoes は /peːrəv ʃuːz/ のようになり "r" リンキングが起こります。

	米音	英音
care	/keɚ/	/keə, keː/
fare	/feɚ/	/feə, feː/
pear	/peɚ/	/peə, peː/

8.1.2 子音の相違

/r/ の発音

　英音では rich /rɪtʃ/ のように，母音の前の /r/ は発音されますが，car /kɑː/ のように語尾（ポーズの前）や，hard /hɑːd/ のように子音の前の位置のスペリングの "r" は発音しません。米音（GA）やスコットランド英語では，この位置の "r" も含め，すべてスペリングの "r" は発音されます。たとえば car の母音は "r" の音色（"r" coloring）を伴った /ɑɚ/ という音になります。このように語尾（ポーズの前）や子音の前の "r" も発音する発音方言を **R 音性的**（**rhotic**）方言と呼び，母音の前の "r" しか発音しない発音方言を **非 R 音性的**（**non-rhotic**）方言といいます。アメリカでもニューイングランド地方，ニューヨーク市地域，および南部諸州では一般的に "non-rhotic" ですが，人

によってたとえば car の母音は "r" の音色を伴うこともあります。特に中西部の米音では，"r" を発音する際，舌先を上方に反らして反転音として発音ます。この音は IPA では［ɻ］の記号を使って表します（第 1 章，図 1-3 を参照）。

	米音	英音
car	/kaɚ/	/kɑː/
card	/kaɚd/	/kɑːd/
hard	/haɚd/	/hɑːd/
heart	/haɚt/	/hɑːt/
paw	/pɔː, pɑː/	/pɔː/
pour	/pɔɚ/	/pɔː/

　hard /hɑːd/ の母音 /ɑː/ では，英音ではあごの開きを最大限に大きく口を開けて発音されます。米音のように後半，口を閉じながら次第に舌先を反らせて発音することがないため明るく響きます。一般的に "r" の発音が苦手な日本人にとっては，この英音の方がむしろ発音しやすいといえます。

"wh-" の発音

　"wh-" で始まる which, where, white などの最初の子音は，米音では多くの場合，無声摩擦音の /h/ の音が入り，それぞれ /hwɪtʃ/, /hweɚ/, /hwaɪt/ になります。英音では /w/ で始まり，/wɪtʃ/, /weɚ/, /waɪt/ と発音されます。

	米音	英音
which	/hwɪtʃ/	/wɪtʃ/
where	/hweɚ/	/weə/
whether	/hweðɚ/	/weðə/
white	/hwaɪt/	/waɪt/

第 8 章　様々な英語発音

/l/ の発音

「6.3.5　接近音（approximant）/l, r, w, j/」で紹介したように，米音では，ほとんどの場合すべての位置で「暗い響きの "l"」（dark "l"）［ɫ］を使います。したがって，米音では leaf の語頭の /l/ 音の響きは，bell の語尾子音 /l/ と音の響きはほとんど変わりません。英音では，母音の前では「明るい響きの "l"」（clear "l"）になり，その他の環境では dark "l" です。河口域発音と呼ばれるロンドン発音では，dark "l" は［ɯ］なり，たとえば field は /fɪɯd/, cool は /kuːɯ/ のようになります。

	米音	英音
bell	/beɫ/	/beɫ/
leaf	/ɫiːf/	/liːf/

/t/ の発音

「7.2　変わる音」でも述べたように，米音では /t/ が強音節の後，弱音節の前に来たときには有声音の弾音になります。同じ音声環境において，英音の /t/ はかすかな帯気音を伴う破裂音です。

	米音	英音
forty	/fɔɚɾi/	/fɔːti/
water	/wɑːɾɚ/	/wɔːtə/
better	/beɾɚ/	/betə/
sitting	/sɪɾɪŋ/	/sɪtɪŋ/

　イギリス英語発音の中でも，特にロンドン在住の地元のロンドン子は，butter や water のように母音に挟まれた /t/ 音を声門音化して発音し，それぞれ /bʌʔə/, /wɔːʔə/ になります。また，子音の前や語末の /t/ 音も声門音化する傾向があり，not that は /nɒʔðaʔ/ のようになります。Cruttenden (2014, p. 178) によると，最近では母音の前の /t/ も声門閉鎖化し，get off や right

215

order はそれぞれ /geʔɔ(ː)f, /raɪʔɔːdə/ のように発音されます。前述したように，このようなロンドン近郊で話される方言は河口域英語と呼ばれ，イギリスの標準英語（RP）とロンドンの下町発音方言であるコックニーとの中間的な特徴を備えています。

　さらに，英音ではアクセントのある音節末の /p, t, k, tʃ/ の前は，声門音化する傾向があり，たとえば pitcher は /pɪʔtʃə/ のよう発音されます。このように英音では頻繁に /t/ 音を声門音化するため，歯切れがよく（clipped）早口な印象になります。コックニー発音では，より顕著に声門閉鎖化が見られ，のどで息を詰めて発音されるので，これが連続すると声が詰まったようにも響きます。

	米音	英音
pitcher	/pɪtʃɚ/	/pɪʔtʃə/

また，アクセントのある音節では英音の場合，/tj, dj/ が /tʃ, dʒ/ に変わることがあり，たとえば tune は「チューン」のように聞こえます。

	米音	英音
tune	/t(j)uːn/	/tjuːn, tʃuːn/
endure	/end(j)ʊɚ, ɪn-/	/ɪndjʊə, ɪndʒʊə, en-/

その他，米音と英音とで発音の異なる語

	米音	英音
either	/iːðɚ/	/aɪðə/
leisure	/liːʒɚ/	/leʒə/
lever	/levɚ/	/liːvə/
missile	/mɪsl/	/mɪsaɪl/
schedule	/skedʒuːl/	/ʃedjuːl/
tomato	/təmeɪtoʊ/	/təmɑːtəʊ/

patriot　　　/peɪtrɪət/　　/pætrɪət/

8.1.3　プロソディ上の相違
語アクセント

　米音と英音とで語アクセントの位置が異なる単語があります。たとえば，米音では láboratòry と，第 1 音節にアクセントがありますが，英音では labóratory のように，第 2 音節にアクセントが置かれます。

　　　米音　　　英音
　　　láboratòry　　labóratory
　　　télevìsion　　télevision, tèlevísion

センテンス・アクセント

　英音では yes-no 疑問文で，文頭の be 動詞にやや弱いながらアクセントが置かれますが，米音では普通ここにアクセントが置かれることはありません (Celce-Murcia et al., 2010, p. 457)。

米音　Is it NICE?　　英音　Is it NICE?
　　・・●　　　　　　　　●・●

イントネーション

　英音は「気取ってもったいぶった感じ」(posh) に聞こえるといわれることがありますが，独特のイントネーションがその原因の一つと考えられます。英音では文の最初を，ピッチを高く発音し，階段を下りるようにカクカクと文末に向かうにしたがってピッチが下がります。米音では，文の出だしは比較的低く，まるで波が次第に高くなるかのようにピッチを上げながら，文末で一気に下がります。

米音　It's not quite the right shade of blue.
英音　It's not quite the right shade of blue.　(Celce-Murcia et al., 2010, p. 457)

一般的に，平叙文のセンテンスの終わりではピッチは下降調です。しかし，米音では，特に若い人に話しことばで，平叙文の文尾を上昇調で言う場合が見受けられます。

　　A: Have you ever worked in a department store?
　　B: Yes. I have worked in a department store last summer.（↗）

　このような尻上がりの話し方（uptalk）は，特に若い人の間で見られる米音の特徴とされていましたが，英音でもこの傾向が出てくるようになったという指摘があります（Cruttenden, 2014; Roach, 2009; Warren, 2016; Wells, 2006）。依然として米音の方が，この傾向は顕著です。また，日本でも「尻上げことば」は，一部の若者の話し方としてよく取り上げられます。

8.2　日本人の発音—明瞭性の高い発音とは[3]

　母語発音からの影響は一般的には**外国語なまり**（**foreign accent**）として表れます。外国人の話すことばは，すべて母語話者にとっては理解されにくいものなのでしょうか。必ずしもそうとは限らず，外国人の発音の中には，比較的わかりやすいものから，コミュニケーションに支障をきたす理解されにくいレベルのものまであることが様々な研究からわかってきています。

　一般的には話し相手に対する「発音の通じやすさ」のことを**明瞭性**（**intelligibility**）といいます。Celce-Murcia et al.（2010, p. 274）は，広義の明瞭性を次のように定義しています。「明瞭性の高い発音とは，外国語なまりに限らず母語としてのなまり（accent），すなわち発音上の変種（variety）も含め，それを聞く相手が混乱しないような発音」としています。また，発音の明瞭性は相対的な指標です。たとえば，日本人の話す英語発音に慣れている聞き手は，日本人の英語を明瞭性が高いと評価するかもしれませんが，初めてそれを聞いた人は明瞭性が低いと思うでしょう。広い意味では，聞き手にとって通じやすい発音が明瞭性の高い発音だと考えてよいでしょう。

8.2.1　学習者の英語発音に対する考え方

　外国語教育における発音指導の分野には，二つの相対する考え方が存在します。ひとつの意見は，目標言語の母語話者に近い発音を習得することは可能だし，それを目標にすべきだという考え方です。二つ目の考え方は，「外国語なまり」（foreign accent）があっても構わないから，わかりやすく明瞭な発音を目指すべきだというものです。Levis（2005）は前者を**母語発音原則**（**nativeness principle**），後者を**明瞭性原則**（**intelligibility principle**）と呼んでいます。行動主義心理学に基盤を置くオーディオリンガリズム（audiolingualism）が主流を占めた1960年代以前の時代においては，ネイティブの発音を目指すべきという，このような母語発音原則が優勢でした。しかし「完璧」なネイティブ発音でなければならないとする極端な主張は，それ以前の発音教育の歴史を遡っても多くはなかったようです。たとえばJones（1956）は「"よい発音"とは誰にでもわかりやすい（intelligible）な発音で，"悪い発音"とは，ほとんどの人が理解しにくい発音」だといいます。このように1950年代においても発音の「理解されやすさ」は重要視されていたことがうかがえます。

　誤答分析（**error analysis**）の研究分野では，学習者のエラーを種類別に分類したり，中間言語の特徴を分析したりすることが，その主な関心事でした（Schachter, 1974; Scott, 1974）。学習者の発音の誤りを分析し，いかにすれば母語発音の干渉から生じる発音の誤りを防ぐことができるかが研究の焦点となっていたのです。この時代では，学習者の発音上のエラーを分析・分類し，どのようにすればエラーを防いで，英語母語話者の発音に近づくことができるかが研究の中心でした。コミュニケーションは話し手と聞き手の間で成立しますが，この時代は，話し手である学習者側の発音が主な分析の対象になっていました。

　1980年代に入ると「世界共通語としての英語」という考え方が，ますますその地位を明確なものにするようになります。Kachru（1982, 1986）が**世界の様々な英語**（**World Englishes**）という新しい観点を提唱して以来，それまでの「英語母語話者を中心とした英語」から，世界中の「様々な母語背

景を持った人が話す英語」へと，コミュニケーション手段としての英語に対する考え方がシフトしました。

さらに，1980年代以降では，**コミュニケーション中心の教授法**（**Communicative Language Teaching**）が主流となり，スムーズなコミュニケーションのためには「通じる発音」が大事だといわれるようになりました。**国際共通語としての英語**（**English as an International Language: EIL**）の考え方と相まって，発音教育の目的は英語母語話者の発音を目指すのではなく，コミュニケーションに支障をきたさないレベルにまで発音能力を伸ばすことであると主張されるようになりました（Celce-Murcia et al., 2010, p. 9）。外国語なまりが多少あっても**通じやすい発音**（**intelligible pronunciation**）が大切だという考え方です。

このようにグローバルな観点に立った**リンガフランカとしての英語**（**English as a Lingua Franca: ELF**）という認識が高まるにつれ，非母語話者の話す英語の明瞭性に関する研究が盛んになりました（Jenkins, 2000）。従来の話し手の発音に焦点を置いた分析研究から，聞き手にとって発音がどれ程わかりやすいかという点に研究興味がシフトしたのです。

1990年代以降になると，成人外国語学習者における発音力改善の限界が指摘され，また，認知主義的な観点に立った指導法が注目されるようになるにつれて，ますます明瞭性原則が重んじられるようになってきています。コミュニケーションに支障をきたさない範囲であれば，発音の多様性を容認しよういう考え方が主流になりつつあるのです（Derwing & Munro, 2005；末延，2010）。その流れの延長として近年，非母語話者の話す外国語が，その言語の母語話者や他の非母語話者にとって，どれ程理解しやすいかに関する研究，すなわち「話しことば」の理解しやすさ（comprehensibility）の研究が盛んになってきています。

Jenkins（2000）は学習者が英語音を習得しやすくするために，英語の音韻体系を単純化することを提案しています。たとえば，日本人英語学習者の苦手な発音として，/θ/, /ð/のいわゆる "th" 音があります。これらの英語音は，学習者が発音しやすい音に置き換えても構わないという主張です。すなわ

ち think /θɪŋk/ を /sɪŋk/ として発音してもよいといいます。Jenkins（2000）は円滑なコミュニケーションに最低限必要で発音上重要な中核部分のことをリンガ・フランカ・コア（**Lingua Franca Core**）と名付けています。コミュニケーションに重要な役割を果たす発音の中核部分（core）を残して，意思疎通に支障をきたさない程度にまで目標言語の音韻体系を単純化しようという考え方です。

　リンガ・フランカ・コアを成立させるためには，英語使用者間でコンセンサスが必要になります。様々な L1 を言語背景に持つ英語学習者が，自分の都合で英語の音韻体系を単純化して使用すればコミュニケーションは成立しません。さらに，母語の音韻体系をしっかり持っている英語母語話者にとって，音韻体系を単純化した英語を使って非母語話者とコミュニケーションを図る際には，違和感を持つことは間違いありません。

　Munro and Derwing（1999）では，学習者の話す英語発音を評価する上で "intelligibility" と "comprehensibility" とを使い分けています。学習者の英語を英語母語話者が，どれ程正確に文として書き取れるのかという尺度で "intelligibility" を判定しています。これは主に，発音の「明瞭性」,「わかりやすさ」のことです。個々の語を正しく書き取れたとしても，発話全体を理解できるかはまた別問題になります。発話者の言う内容をどの程度，理解できたかを測る指標として "comprehensibility" を使っています。これは発音だけではなく，使用語彙の適正さや文法の正確さも含めて，第二言語話者の話す英語を母語話者が聞いて，その意味内容をどれだけ正確に理解することができるかという尺度のことで「理解しやすさ」あるいは「理解性」のことをいいます。Munro and Derwing（1999, p. 291）は，外国人の話す英語の「理解しやすさ」"comprehensibility" を測定するのに 10 段階（1 = extremely easy to understand, 10 = impossible to understand）のリカート・スケールを用いて英語母語話者に判断させています。

　さらに，Derwing and Munro（2005）では，「なまり度」（accentedness）という指標を追加して，外国語なまり（accent）の観点から学習者の英語発音が英語母語話者の発音と，どの程度かけ離れて聞こえるかを，リカート・ス

ケールを用いて測定しています。彼らの研究から，なまり度の指標で，なまりが強いと判定された発音でさえも英語母語話者は正しく書き取れることから，なまりの強い学習者の発音でも明瞭性（intelligibility）は高く，さらに理解しやすさ（comprehensibility）もあることがわかりました。

　母語話者が学習者の発音上のエラーをどのように認識しているか，また，どのタイプのエラーがコミュニケーションに支障をきたすかを探ろうとする研究は数多くあります。母語話者に比較的受け入れやすいエラーもあれば，コミュニケーションに重大な障害を及ぼすものもあります。英語母語話者の話す第二言語（L2）について，そのエラーの重大度（error gravity）を調べたものに，ドイツ語については（Delisle, 1982；Politzer, 1978），スペイン語では（Chastain, 1980；Guntermann, 1978），フランス語に関しては（Ensz, 1982；Piazza, 1980）があります。前述の諸研究では，そのほとんどが学習者の作文から抽出した「書きことば」のサンプルを分析対象としています。その内，Piazza（1980）は例外的に，「書きことば」のみならず音声録音した実験協力者の「話しことば」も言語資料としてフランス人に提示し，その「理解しやすさ」と，発音を聞いた際に感じる「いら立ち度」（degree of irritation）を調査しました。「外国語なまり」を含む発話を母語話者が聞いて理解する際には，認知過程において情報処理作業に当然負荷がかかります。聞き手は，すんなり理解できないため，それが認知負荷となり「いら立つ」ことがあると考えられます。その認知負荷が学習者の話す英語に対する言語態度（language attitude）にも反映されるのです。

8.2.2　日本人が目指すべき英語発音とは

　外国語として英語を教える教師の多くは英語非母語話者です。世界における英語教育の現実として，約8割の英語教師は非母語話者だといわれています（Celce-Murcia et al., 2010）。そのような環境にあって，非母語話者の英語教師に学習者のお手本となる完璧な発音を期待するのは非現実的かもしれません。しかし，発音が上手になりたい，ネイティブのような発音を身に付けたいという学習者が多いのも事実です（Derwing, 2003；Scales, Wennerstrom,

Richard, & Wu, 2006）。では，発音学習において，どの程度までの完璧さを目指すべきなのでしょうか。それは個々の学習者の目的によって異なります。通訳や英語教師など，いわゆる英語のプロフェッショナルを目指す人は，できる限り「母語発音原則」を自らの目標として持ち続けることが重要ではないでしょうか。発音改善に向けて最大限の努力をした結果，日本人のアイデンティティが感じられる程度の日本語なまりが残るのはやむを得ないと思われます。日本語なまりの残る英語発音でも，コミュニケーションに大きな支障のないレベルのものならば問題はありません。

　では，どのような英語発音をお手本（model）にするとよいでしょうか。一番自分に身近なネイティブの発音がよいと考えられます。日本の学校での英語教育では，戦後からアメリカ英語が主流ですので，アメリカ英語発音をモデルにするとよいでしょう。あるいは，イギリス英語の音が好きな人は，それをモデル発音にすることも可能です。到達目標は，先に述べたように，人によって異なりますが，英語母語話者や母語話者以外の人と，効率よくコミュニケーションができる程度の発音力を最低目標に設定するとよいと思われます。はじめから，通じればよいので「日本人英語」で構わないとする必要はありません。「日本人英語」は到達目標ではなく，あくまでも発音学習の努力をした結果としての産物です。日本語の母語話者が，英語を外国語として学習する場合に，「日本語なまり」が残るのは自然な現象です。

8.2.3　プロソディと分節素

　日本人が目指すべき英語発音とは，どのようなものでしょうか。英語発音の明瞭性を左右するのは，アクセント・リズム・イントネーションのような**プロソディ**（**prosody**）なのか，あるいは，子音や母音のような個々の音，すなわち**分節素**（**segmental**）なのか，研究者の間でも意見が分かれるところです。

プロソディの重要性

　高度な英語運用能力を獲得した学習者でさえ，最後まで習得が困難であ

り，外国語なまりが残りやすいのはイントネーションであるといわれています（Jenkins, 2000）。個々の子音・母音のような分節素を正しく発音ができる人でも，定期的に英語母語話者と話す機会を持つなど継続的な学習をしないとイントネーションの習得は困難だともいいます（Roach, 2009, p. 121）。すなわち，杉藤（1996）が指摘するように，分節素を正しく発音できることも大切ですが，アクセント，リズム，イントネーションのようなプロソディ面がより自然に発音できれば，さらにより英語らしく聞こえるのです。

　Derwing, Munro, and Wiebe（1998）は3つのグループの英語学習者に対して，それぞれ発音指導方法を，(1) 分節音の正確さに重点を置く指導，(2) 特に重点を置かない一般的な発音指導，(3) プロソディに重点を置いた指導の3とおりの方法で12週間発音指導した後，その学習効果を調べました。彼らは発音指導方法の違いが，**外国語なまり（foreign accent）**，**理解しやすさ（comprehensibility）**，**流ちょうさ（fluency）**に及ぼす効果について，英語母語話者を評価者にして測定した結果，プロソディを中心に指導したグループで，自発的発話（spontaneous speech）の発音が一番向上したと報告しています。Derwing and Rossiter（2003）も同様な実験を行い，プロソディ中心の指導を受けた学習者の方が「理解しやすさ」と「流ちょうさ」とも向上したと報告しています。これら実験結果から，彼らはプロソディ指導を優先することを提案しています。英語らしい自然な発音を身に付けるためには，やはりプロソディは重要であることが示唆されています。

　Yabuuchi and Satoi（2001）は，日本人英語学習者が音読した英語を英語母語話者に聞かせ，英語としての「自然さ」を判定させた結果，使用音域（ピッチ幅）が大きいほど，より英語らしいと認定されたと報告しています。日本人の発音はどうしても平板になりやすいのですが，ピッチ変化が大きいほど母語話者は英語らしいと判定したのです。

　必ずしも完璧な発音を目標にする必要はありませんが，英語学習者にとって英語でのコミュニケーション上，より快適な理解しやすい発音を目指すためには，プロソディ面での向上が必要だと思われます。

　英語学習者が語アクセントの位置を間違えると，明瞭性に大きな問題をも

たらすといわれています（Celce-Murcia et al., 2010, p. 212；Roach, 2009, p. 79, Yamane, 2006）。また Yamane（2006）では，日本人学習者の特徴的な英語発音をアメリカ人に音声提示して明瞭度を調べています。その結果，語アクセントの位置を間違えた単語を正しく聞き取ることのできた割合が 47.5％で，これは「子音削除」に続いて，2 番目に低かったとしています。たとえば，cómmerce は誤って第 2 音節にアクセントを置いて commérce と発音すると理解されにくいのです。聞き手（英語母語話者）はアクセントの置かれた音節を，主な手がかりとして語の認知処理を行っているので，誤った位置にアクセントが置かれると認知処理に支障をきたします。

また，Field（2005）は，単語のアクセントパターンをわざと逆にし，英語母語話者（イギリス人）と，日本人を含む 10 数ヶ国の外国人学習者の 2 つのグループに聞かせて，発音の明瞭性を調べています。この実験では，1）正しくは強・弱パターンをとる語，たとえば "húsband" を "husbánd" としたもの，2）正しくは弱・強パターンの語，たとえば "enjóy" を "énjoy" のように，本来とは逆の語アクセントパターンで英語母語話者が発音した 2 つのグループの刺激音を用意しました。それぞれの刺激音を英語母語話者に聞かせると，その平均正解率は 80.22％で，非英語母語話者に聞かせた場合は 78.72％という結果になりました。この正解率は高く見えますが，実験に使用した語は文中から音声を編集して取り出したものではなく，個別に発音した引用形（citation form）を使っており，さらに 24 種類の単語はすべて基本語彙なので，この正解率は高いとはいいがたいです。また，一番目のパターンの誤り，すなわち本来第 1 音節にアクセントを置くべき語に，アクセントを置かないで発音すると明瞭性がより損なわれることが明確になりました。

Benrabah（1997）も語アクセント位置の誤りは，聞き間違いを誘発するとしています。たとえば，"nórmally" を誤って第 2 音節にアクセントを置いて "normálly" と発音すると "no money" と聞き間違えたり，"wrítten" を "writtén" と言うと "retain" と理解されたりする事例を報告しています。

Zielinski（2008）はベトナム語，韓国語，中国語を母語とする学習者の英語発音を英語母語話者に提示して発音の明瞭性を調べています。その実験結

果から，1）語アクセントを正しい位置に置くことと，2）強音節の母音・子音を正確に発音することが高い明瞭性につながる，と指摘しています。強音節の分節素が単語認知に大きな役割を果たすことが示唆されています。すなわち，正しい箇所に語アクセントを置いて，アクセントある音節は，母音，子音ともはっきりと発音すれば通じやすいといえます。

　日本語のように，各モーラがほぼ等しい強さ・長さで発音されるモーラ拍リズム（mora-timed rhythm）の傾向にある言語を母語に持つ学習者は，英語を発音する際，母語の音韻体系の干渉を受けて，すべての音節に同じ強さのアクセントを置きがちです。したがって，日本人英語学習者が，アクセント拍リズム（stress-timed rhythm）を持つ傾向にある言語の英語を発音する際，誤った位置に語アクセントを置かないように注意する必要があります。これらの実験データは，語アクセントの位置を間違って発音すると，明瞭性がそこなわれて意思疎通に支障をきたす恐れがあることを示唆しています。上記の諸研究から，正しい語アクセントの習得は，明瞭性の高い英語発音のためには重要であるといえます。

分節素の重要性

　子音や母音のような個々の分節素の方が，発音の明瞭性において重要だという指摘もあります（Ishida, 2013；Kashiwagi & Snyder 2014；Kashiwagi, Snyder & Craig, 2006；Koster & Koet, 1993；Riney, Takagi & Inutsuka, 2005）。

　Ishida（2013）は，人工合成音ソフト（TTS：Text-To-Speech synthesis software）を利用して，分節音（子音）に問題のある短文と，プロソディが逸脱した短文（語アクセントの位置）を作成して，26名の英語母語話者と27名の日本語母語話者に音声提示して評価してもらいました。前者の文は，たとえば，"I remember the voice of my sister." の "remember"，"voice"，"sister" の語頭子音 /r/, /v/, /s/ を，それぞれ /l/, /b/, /ʃ/ に置き換えて合成音を作成し，後者の場合，"PERhaps, these TOmatoes are from EuROPE." のように，アクセントの位置に問題のある文を音声提示しました。分析の結果，英語母語話者はプロソディの誤りに寛容なのに対して，子音の誤りに厳しいことがわ

かりました。これとは逆に，日本人評価者は逸脱したプロソディには評価が厳しく，子音の誤りには寛容であることが明確になりました。以上の研究から，プロソディと分節素に対する評価判断は，聞き手の母語が影響を及ぼすことが示唆されています。

　Kashiwagi and Snyder（2014）は，日本人英語学習者 19 名が音読した 40 種類の短い英語文を，英語母語話者 3 人と非母語話者（中国語母語話者）3 人に聞かせて，発音の明瞭性を調べました。その結果，プロソディは英語母語話者，非母語話者いずれに対しても明瞭性評価に影響を与えることはなかったものの，分節素の中でも，とりわけ母音の発音上の誤りが明瞭性評価を有意に下げたことを報告しています。

　日本人の英語学習者は一般的に，弱音節の発音が苦手で，本来，弱形で発音すべき音節も強形で発音する傾向があります。Roach（2009, p. 89）は，英語学習者がすべての音節を強形で発音した場合，不自然で「外国語的に聞こえる」（foreign-sounding）といいます。たとえば，"that" の引用形での強形発音は /ðæt/ ですが，"I hope that she will get well soon." のような文中での接続詞の "that" は普通，弱形発音になり /ðət/ と発音されます。日本人英語学習者は，あいまい母音（schwa）の発音が苦手な人が多く，日本語の母音の /a/ で代用して発音しがちです。このような「カタカナ発音」でも通じるものの，母語話者は違和感を覚えるのです。

母音と子音の発音

　明瞭性に影響度が大きいのは，分節素のうち母音発音，子音発音のいずれでしょうか。Yamane（2006）では，80 名の日本人英語学習者の発話の中から発音上問題を含む 52 語の単語を抽出して，48 名の英語母語話者に聞かせました。その結果，単語単位では明瞭性が低い場合でも，単語の前後の文脈も含めてセンテンスの中で提示すると，英語母語話者は正解の単語を類推することができるため正解率が高まると指摘しました。前出の Yamane（2006, p. 72）では，日本人英語学習者の発音上の誤りを，語アクセントの位置の誤りというプロソディが問題なタイプと，母音添加（vowel addition），

母音置換(vowel substitution),子音置換(consonant substitution),子音削除(consonant deletion)という分節素が問題となるタイプに分類して,どのような種類の分節素が明瞭性に影響を及ぼすかを調べました。表8-1は各エラータイプ,それぞれの正解率を表しています。この表からは,誤りの中では子音削除が35.8%と,一番正解率が低いことがわかります。当然発音されるべき子音が発音されていないと明瞭性が落ちるのです。

また,母音添加は明瞭性が高いことがわかりました。多少,余計な母音が入っていても,文中では72.6%もの正解率があったことから,母音添加は,母語話者が日本人学習者の発音を聞いて理解する上で,それほど大きな障害にならないことを示唆しています。子音と母音が交互に現れる,いわゆる「カタカナ英語」的な発音でも,ある程度は通じます。たとえば,some /sʌm/ は /samu/ というカタカナ英語的な発音でも,ある程度通じたのです。母音の発音上の誤りは子音に比べると,明瞭性に与える負の影響は少ないことが示唆されました。

正しい子音発音は,発音の明瞭性を保持する上で重要です。O'Connor (1980, p. 24) がいうように,発音上,子音は単語の「骨組み」(skeleton) の役割を果たし,母音はその肉付けです。骨組みがしっかりしていないと理解されにくい発音になります。母音は子音と比較すると,認知的には許容度が高いのです。Ashby and Maidment (2005, p. 81) によれば,童謡 "Mary had a little lamb." の中に含まれる母音をすべて /ɜː/ に代えて /mɜːrɜː hɜːd ɜː lɜːtɜː

表8-1 エラータイプと平均正解率

エラータイプ	個数	単語	文中	平均	χ^2値
ポーズ	2	59.4	67.7	63.5	1.44
母音添加	7	49.4	72.6	61.0	38.06***
母音置換	11	44.1	69.7	56.9	70.38***
子音置換	20	42.2	70.6	56.4	33.57***
アクセント	7	36.3	58.6	47.5	88.87***
子音削除	5	23.3	48.3	35.8	32.62***
平均		41.6	66.8	54.2	

Yamane (2006, p. 72) より   ***$p<0.001$

lɜːm/ と発音しても，ほとんどの場合，母語話者には通じるといいます。

歴史的に見ても，長い年月を経て母音の発音は変化を遂げてきました。母音は，**大母音推移（Great Vowel Shift）** として知られるように，中英語（1150年頃から1500年頃）から近代英語にかけて規則的に変化しました。たとえば，中英語では家のことを /huːs/ と発音していましたが，シェークスピアの初期近代英語（1500年頃から1750年頃）の時代には /haʊs/ と変化しました。

母音の発音の中でも，二重母音は外国語なまりが出やすいといいます（Roach, 2009, p. 20）。たとえば，二重母音の発音であるべき mail /meɪl/ を，カタカナ英語的に「メール」/meːl/ と発音しても，文脈が明確であれば通じるので，明瞭性に及ぼす影響は少ないものの，外国語なまりを含んだ発音として判断されることになります。

外国語なまりに起因する差別（accent-related discrimination）を避けるためには，think, this, that などの語頭子音として出現率が高い歯間摩擦音の /θ/, /ð/ の発音は大切なので，しっかり教えるべきだという指摘があります（Saito, 2014, p. 268）。一般的に英語の子音は，日本語の子音より発音に要するエネルギーが大きいことが知られています。英語の子音の中でも閉鎖音の /p, t, k/，摩擦音の /f, θ, s, ʃ/ や破擦音の /tʃ/ は**硬（子）音（fortis）**と呼ばれ，アクセントのある音節中では，調音器官の筋肉を緊張させ，口腔内の呼気圧を高くして強く発音します（Collins & Mees, 2008）。多くの日本人学習者は，この強いエネルギーを要する子音発音を苦手としているため，発音の明瞭性に支障をきたす場合があります。特に語尾の摩擦音 /s/, 閉鎖音 /t, p/, さらに語頭の /p/ は，弱く発音すると相手に伝わりにくいといわれています（Nishio & Tsuzuki, 2014）。

日・英語に共通して用いられるように思われる子音も厳密に見れば，その発音方法が異なる場合も少なくありません。たとえば，前述した英語の閉鎖音 /p, t, k/ は，それぞれ日本語の「プ」，「トゥ」，「ク」の最初の子音と同じように思えます。しかし，語頭やアクセントのある音節の最初では，英語の閉鎖音（破裂音）は日本語のそれより，強い呼気流を伴って発音されます。この呼気流，すなわち帯気音（aspiration）のある語頭の /p, t, k/ のような無

声破裂音の場合，破裂（呼気の開放）してからしばらくして後続母音のための声帯振動が始まります。この破裂から声帯振動の始まるまでの時間（母音の有声化の始まるまでの時間）のことを VOT（voice onset time）といいます。一般的に英語の無声閉鎖音の VOT 値は日本語より大きな値を示します。これは英語の閉鎖音が日本語より気息性が強いことに起因しています。日本人学習者は語頭で /p, t, k/ を発音する場合，帯気音を意識して強い目に発音するとよいでしょう。意識して強く語頭破裂音を発音すると VOT が長くなるために本来の英語の値に近づき，より英語らしく聞こえることになります。そのため VOT は発音上の「英語らしさ」を判断するひとつの指標になるという研究報告もあります（Flege & Eefting, 1987; Major, 1987; Riney & Takagi, 1999）。

注
1）河口域英語と呼ばれるようになったのは，もともとロンドンを中心として話されていた英語発音が，テムズ川河口域の North Kent や Essex へと広まったからです。この発音は，都会的な響きがあるとして，今ではロンドン周辺のみならず，Manchester や Liverpool などイギリスの多くの都会で話されるようになりました。
2）コックニー（Cockney）はロンドンの下層労働者階級の人が話す発音方言で，/eɪ/ を /aɪ/ と発音したり，語頭の /h/ が脱落したりする特徴があります。
3）本節は山根（2015）を加筆，修正したものです。

8.3　第 8 章のまとめ

□イギリスの標準発音は，伝統的には容認英語（Received Pronunciation: RP）と呼ばれています。
□アメリカの標準発音は一般アメリカ英語（General American: GA）と呼ばれます。
□語尾（ポーズの前）や子音の前の "r" も発音する発音方言を R 音性的（rhotic）方言といいます。
□ロンドン近郊で話される方言を河口域英語（Estuary English）といいます。

□母語発音からの影響は一般的には外国語なまり（foreign accent）として表れます。
□ 1980 年代以降は，コミュニケーション中心の教授法（Communicative Language Teaching）が主流となりました。
□円滑なコミュニケーションに最低限必要で発音上重要な中核部分のことをリンガ・フランカ・コア（Lingua Franca Core）といいます。
□英語学習者は自分に一番身近なネイティブの発音をお手本（model）にするとよいでしょう。
□英語発音の明瞭性を左右するのは分節素（segmentals）なのか，プロソディ（prosody）なのかは，研究者の間でも意見が分かれています。
□たとえ，なまりが強い発音でも，明瞭性（intelligibility）は高く，さらに理解しやすさ（comprehensibility）の指標も高いこともあります。
□正しい語アクセントの習得は，明瞭性の高い英語発音を習得するためには重要です。
□変則的な母音発音は，「外国語なまり」として評価されますが，明瞭性に及ぼす負の影響は，誤った子音発音ほど大きくありません。

復習課題

8-1 母語発音原則（nativeness principle）と明瞭性原則（intelligibility principle）のどちらに賛成ですか。また，その理由も述べてください。

8-2 これまでの経験の中で，話し相手に英語が通じなかった事例をあげてください。その原因は何でしたか。母音や子音の発音の間違いでしたか，それともアクセント，リズム，イントネーションが原因でしたか。

8-3 スムーズなコミュニケーションの観点から，プロソディ面の発音と母音・子音の発音とでは，どちらが大切だと思いますか。

参考文献

Adams, C. (1979). *English speech rhythm and the foreign learner.* The Hague: Mouton.

Anderson-Hsieh, J. (1992). Using electronic visual feedback to teach suprasegmentals. *System, 20,* 51-62.

Anderson-Hsieh, J., Johnson, R., & Koehler, K. (1992). The relationship between native speaker judgments of nonnative pronunciation and deviance in segmentals, prosody, and syllable structure. *Language Learning, 42,* 529–555.

Ashby, M., & Maidment, J. (2005). *Introducing phonetic science.* Cambridge: Cambridge University Press.

Avery, P., & Ehrlich, S. (1992). *Teaching American English pronunciation.* Oxford University Press.

Benrabah, M. (1997). Word stress: A source of unintelligibility in English. *International Review of Applied Linguistics in Language Teaching, 35,* 157-165.

Boomer, D. S. (1965). Hesitation and grammatical encoding. *Language and Speech, 8,* 148-58.

Brown, A. (2014). *Pronunciation and phonetics: A practical guide for English language teachers.* New York: Routledge.

Catford, J. C. (2001). *A practical introduction to phonetics.* Oxford University Press.

Celce-Murcia, M., Brinton, D. M., Goodwin, J. M., & Griner, B. (2010). *Teaching pronunciation paperback with audio CDs (2): A course book and reference guide.* Cambridge University Press.

Chastain, K. (1980). Native speaker reaction to instructor-identified student second-language errors. *The Modern Language Journal, 64,* 210-215.

Collins, B.S., & Mees, I. M. (2013). *Practical phonetics and phonology: A resource book for students.* London: Routledge.

Cruttenden, A. (2014). *Gimson's pronunciation of English.* London: Routledge.

Crystal, D. (2003). *English as a global language.* Cambridge University Press.

Crystal, D. (2009). *English phonetics and phonology: A practical course (4th ed.).* Cambridge University Press.

De Bot, C. (1983). Visual feedback of intonation I: Effectiveness and induced practice behavior. *Language and Speech, 26,* 331-350.

Delisle, H. H. (1982). Native speaker judgment and the evaluation of errors in German. *The Modern Language Journal, 66,* 39-48.

Denes, P. B., & Pinson, E. N. (1993). *The speech chain: The physics and biology of spoken language*. Long Grove, IL: Waveland Press.

Derwing, T. M. (2003). What do ESL students say about their accents? *Canadian Modern Language Review, 59*, 547-567.

Derwing, T.M., Munro, M.J., & Wiebe, G. (1998). Evidence in favor of a broad framework for pronunciation instruction. *Language Learning, 48* (3), 393-410.

Derwing, T. M., & Munro, M.J. (2005). Second language accent and pronunciation teaching: A research-based approach. *TESOL Quarterly, 39*, 379-397.

Derwing, T. M., & Rossiter, M. (2003). The effect of pronunciation instruction on the accuracy, fluency and complexity of L2 accented speech. *Applied Language Learning, 13*, 1-17.

Duez, D. (1982). Silent and non-silent pauses in three speech styles. *Language and Speech, 25*, 11-28.

榎本正嗣（2000）．『日英語 話し言葉の音声学』東京：玉川大学出版部

Ensz, K. (1982). French attitudes toward typical speech errors of American speakers of French. *The Modern Language Journal, 66*, 133-139.

Field, J. (2005). *Psycholinguistics: A resource book for students*. NY: Routlede.

Flege, J. E., & Eefting, W. (1987). Cross-language switching in stop consonant perception and production by Dutch speakers of English. *Speech Communication, 6*, 185-202.

Foss, D. J., & Hakes, D. T. (1978). *Psycholinguistics: An introduction to the psychology of language*. Englewood Cliffs, N.J.: Prentice-Hall.

深澤俊昭（2015）．『話せる聞ける英語の音（リズム）』東京：アルク

福盛貴弘（2010）．『基礎からの日本語音声学』東京：東京堂出版

Gilbert, J. B. (2005). *Clear speech*. Cambridge: Cambridge University Press.

Guntermann, G. (1978). A study of the frequency and communicative effects of errors in Spanish. *The Modern Language Journal, 62*, 24-53.

Hall, C., & Hastings, C. (2017). *Phonetics, phonology & pronunciation for the language classroom*. London: Palgrave.

Halliday, M. A. K. (1967). *Intonation and grammar in British English*. The Hague: Mouton.

Hallday, M. A. K., & Greaves, W. S. (2008). *Intonation in the grammar of English*. London: Equinox.

Hardison, D. (2004). Generalization of computer-assisted prosody training: Quantitative and qualitative findings. *Language Learning and Technology, 8* (1), 34-52.

服部範子（2012）．『入門英語音声学』東京：研究社

服部義弘（2013）.『音声学』東京：朝倉書店

Hayward, K.（2000）. *Experimental phonetics*. Harlow: Longman.

Hewings, M.（2004）. *Pronunciation practice activities: A resource book for teaching English pronunciation.* Cambridge: Cambridge University Press.

Hewings, M.（2007）. *English pronunciation in use: advanced.* Cambridge University Press.

平坂文男（2009）.『実験音声学のための音声分析』東京：関東学院大学出版会

Ishida, K.（2013）. Factors affecting intelligibility of English: comparison of effects caused by segmental and prosody errors generated by the text-to-speech technology. *Journal of Kansai University Graduate School of Foreign Language Education and Research, 11*, 71-97.

Jenkins, J.（2000）. *The phonology of English as an international language.* Oxford: Oxford University Press.

Jenkins, J.（2015）. *Global Englishes: A resource book for students.* New York: Routledge.

Jones, D.（1956）. *The pronunciation of English.* Cambridge: Cambridge University Press.

Kachru, B. B.（1982）. *The other tongue. English across cultures.* Urbana, Illinois: University of Illinois Press.

Kachru, B. B.（1986）. *The alchemy of English: The spread, functions, and models of non-native Englishes.* New York: Pergamon Press.

Kadota, S.（1986）. The process of speech production: An analysis of pauses.『英語英文学新潮：NCI論叢1986』ニューカレント・インターナショナル

Kashiwagi, A., & Snyder, M.（2014）. Intelligibility of Japanese college freshmen as listened to by native and non-native listeners. *JACET Journal, 53*, 39-56.

Kashiwagi, A., Snyder, M., & Craig, J.（2006）. Suprasegmentals vs. segmentals: NNS phonological errors leading to actual miscommunication. *JACET Journal, 43*, 43-57.

加藤重広・安藤智子（2016）.『基礎から学ぶ音声学講義』東京：研究社

川越いつえ（2007）.『英語の音声を科学する 新装版』東京：大修館書店

川原繁人（2015）.『音とことばのふしぎな世界：メイド声から英語の達人まで』東京：岩波書店

北原真冬・田嶋圭一・田中邦佳（2017）.『音声学を学ぶ人のためのPraat入門』東京：ひつじ書房

ケント，レイ．D．リード，チャールズ（著）荒井隆行・菅原勉（監訳）（1996）.『音声の音響分析』東京：海文堂出版

河野守夫・井狩幸男・門田修平・村田純一・山根繁（編著）（2007）.『ことばと認知のしくみ』東京：三省堂

Koster, C., & Koet, T.（1993）. The evaluation of accent in the English of Dutchmen. *Language Learning, 43,* 69–92.

窪薗晴夫・本間猛（2002）.『音節とモーラ』東京：研究社

ラディフォギッド, P.（著）, 佐久間 章（訳）(1997).『音響音声学入門』東京：大修館書店

Ladefoged, P., & Johnson, K.（2011）. *A course in phonetics sixth edition.* Boston: Wadsworth Cengage Learning.

Lambacher, S.G.（1999）. A CALL tool for improving second language acquisition of English consonants by Japanese learners. *Computer Assisted Language Learning 12,* 137-156.

Lehiste, I.（1970）. *Suprasegmentals.* Cambridge, MA: The M. I. T. Press.

Lehiste, I.（1977）. Isochrony reconsidered. *Journal of Phonetics, 5,* 253-263.

Levis, J. M.（2005）. Changing contexts and shifting paradigms in pronunciation teaching. *TESOL Quarterly, 39,* 369-377.

Lodge, K.（2009）. *Critical introduction to phonetics.* London: Continuum.

Major, R. C.（1987）. English voiceless stop production by speakers of Brazilian Portuguese. *Journal of Phonetics, 15,* 197-202.

Makarova, V., & Rodgers, T.（eds.）（2004）. *English language teaching: the case of Japan.* München ; Newcastle : LINCOM Europa.

牧野武彦（2005）.『日本人のための英語音声学レッスン』東京：大修館書店

Mercer, N. M.（1976）. Frequency and availability in the encoding of spontaneous speech. *Language and Speech, 19,* 129-43.

Misono, Y., & Kiritani, S.（1994）. Characteristics of pauses in Japanese lecture-style speech: Comparison with newscasts. *International Journal of Psycholinguistics, 10,* 167-180.

Morley, J.（1994）. *Pronunciation pedagogy and theory: New view, new direction.* Alexandria, VA: Teachers of English to Speakers of Other Languages.

Mori, Y., Higgins, A., & Kiritani, S.（2005）. Functions and locations of long silent pauses in English discourse. *JACET Bulletin, 41,* 91-110.

Munro M. J., & Derwing, T. M.（1999）. Foreign accent, comprehensibility, and intelligibility in the speech of second language learners. *Language Learning, 49,* 285-310.

Nishio, Y., & Tsuzuki, M.（2014）. Phonological features of Japanese EFL speakers from the perspective of intelligibility. *JACET Journal, 58,* 57-78.

O'Connell, D. C., & Kowal, S.（2005）. Uh and um revisited: Are they interjections for signaling delay? *Journal of Psycholinguistic Research, 34,* 555–576.

O'Connor, J. D.（1980）. *Better English pronunciation. New edition.* Cambridge University

Press.

O'Connor, J. D., & Arnold, G. F.（1973）. *The intonation of colloquial English*（2nd ed.）. London: Longman

Ogden, R.（2017）. *An introduction to English phonetics*. Edinburgh：Edinburgh University Press.

Piazza, L. G.（1980）. French tolerance for grammatical errors made by Americans. *The Modem Language Journal, 64*, 422-427.

Pike, K. L.（1945）. *The intonation of American English*. Ann Arbor: University of Michigan Press.

Politzer, R. L.（1978）. Errors of English speakers of German as perceived and evaluated by German natives. *The Modern Language Journal, 62*, 253-261.

Prator, C. H., & Wallace, R. B.（1984）. *Manual of American English pronunciation*. Texas: Harcourt College Publishers.

Ragsdale, J. D.（1976）. Relationships between hesitation phenomena, anxiety, and self-control in a normal communication situation. *Language and Speech, 19*, 257-64.

Riney, T.J., & Takagi, N.（1999）. Global foreign accent and voice onset time among Japanese EFL speakers. *Language Learning, 49*, 275-302.

Riney, T. J., Takagi, N., & Inutsuka, K.（2005）. Phonetic parameters and perceptual judgments of accent in English by American and Japanese listeners. *TESOL Quarterly, 39*, 441-466.

Roach, P.（1982）. On the distinction between "stress-timed" and "syllable-timed" languages. In D. Crystal（Ed.）, *Linguistic controversies*（pp. 73-79）. London: Arnold.

Roach, P.（2001）. *Phonetics*. Oxford: Oxford University Press.

Roach, P.（2009）. *English phonetics and phonology: A practical course*（4th ed.）. Cambridge: Cambridge University Press.

Saito, K.（2014）. Experienced teachers' perspectives on priorities for improved intelligible pronunciation: The case of Japanese learners of English. *International Journal of Applied Linguistics, 24*, 250-277.

Scales, J., Wennerstrom, A., Richard, D., & Wu, S. H.（2006）. Language learners' perceptions of accent. *TESOL Quarterly, 40*, 715-738.

Schachter, J.（1974）. An error in error analysis. *Language Learning, 24*, 205-214.

Scott, M.（1974）. Error analysis and English-language strategies of Arab students. *Language Learning, 24*, 69-97.

島岡丘（1990）.『現代英語の音声：リスニングと発音』東京：研究社出版

Sonobe, H., Ueda, M., & Yamane, S. (2009). The effects of pronunciation practice with animated materials focusing on English prosody. *Language Education & Technology, 44*, 41-60.

Spaai, G. W. G., & Hermes, D. J. (1993). A visual display for the teaching of intonation. *The Calico Journal, 10*, 19-30.

Stenson, N., Downing, B., Smith, J., & Smith, K. (1992). The effectiveness of computer-assisted pronunciation training. *The Calico Journal, 9*, 5-19.

須藤路子 (2010). 『英語の音声習得における生成と知覚のメカニズム：日本人英語学習者のリズムパターン習得』東京：風間書房

末延岑夫 (2010). 『ニホン英語は世界で通じる』東京：平凡社新書

Suenobu, M., Kanzaki, K., & Yamane, S. (1992). An experimental study of intelligibility of Japanese English. *International Review of Applied Linguistics in Language Teaching, 30* (2), 146-153.

Suenobu, M., Yamane, S., & Kanzaki, K. (1989). *From error to intelligibility*. Kobe: The Institute of Economic Research, Kobe University of Commerce.

Suenobu, M., Yamane, S., & Kanzaki, K. (1995). *Communicability within errors*. Kobe: The Institute of Economic Research, Kobe University of Commerce.

杉藤美代子 (1996). 『日本人の英語』東京：和泉書院

杉藤美代子 (2012). 『日本語のアクセント、英語のアクセント』東京：ひつじ書房

鈴木陽一・赤木正人・伊藤彰則・佐藤洋・苣木禎史・中村健太郎 (2017). 『音響学入門』東京：コロナ社

竹林滋・清水あつ子・斉藤弘子 (2013). 『改訂新版初級英語音声学』東京：大修館書店

Thorum, A. R. (2013). *Phonetics: A contemporary approach*. MA: Jones & Bartlett Learning.

Trager, G., & Smith, H. (1951). *An outline of English structure*. Washington: American Council of Learned Societies.

Trudgill, P., & Hannah, J. (2008). *International English: A guide to the varieties of standard English*. London: Hodder Education.

上田功・山根繁・キャサリーン山根 (1992). 『基礎からの英語音声学』東京：大学書林

Walker, R. (2010). *Teaching the pronunciation of English as a lingua franca*. Oxford: Oxford University Press.

Warren, P. (2016). *Uptalk*. Campbridge: Cambridge University Press.

Wells, J. C. (2006). *English intonation: An introduction.* Cambridge: Cambridge University

Press.

Yabuuchi, S., & Satoi, H.（2001）. Prosodic characteristics of Japanese EFL learners' oral reading: Comparison between good and poor readers. *Language Education & Technology, 38*, 99-112.

Yamane, S.（1978）. *An experimental study of hesitation phenomena.* MA Thesis, Kobe University of Foreign Studies.

山根繁（2001）.『英語音声とコミュニケーション』東京：金星堂

山根繁（2003）. SOUND PRACTICE 1 〜 10. *Sailing oral communication B*（高等学校検定教科書 TM）大阪：新興出版啓林館

Yamane, S.（2006）. *Some characteristics of Japanese EFL learners' utterances and their phonetic features: Observations from a psycholinguistic perspective.* Unpublished PhD dissertation, Kansai University.

山根繁（2015）. 日本人学習者の目指す明瞭性（intelligibility）の高い英語発音とは『外国語学部紀要』*13*, 129-141.

山根繁（2017）. アメリカテレビニュース英語の音声特性—音響分析から『外国語学部紀要』*17*, 17-33.

Yamane, S., & K. Yamane（2013）. *ABC world news 15*. Tokyo: Kinseido.

Yamane, S., & K. Yamane（2014）. On the effective use of broadcast news as teaching materials for university English classes.『外国語学部紀要』*11*, 93-114.

Yamane, S., & K. Yamane（2017）. *ABC world news 19*. Tokyo: Kinseido.

Zielinski, B. W.（2008）. The listener: No longer the silent partner in reduced intelligibility. *System, 36*, 69-84.

索　引

アルファベット

BBC発音　207
"n"連結　164, 202
R音性的　213, 230
"r"の音色　20, 164, 213, 214
rの音色を帯びた母音　107
"r"連結　163, 164, 202
"t"連結　165

あ　行

あいまい母音　47, 82, 100, 104, 105, 111, 141, 182, 183, 186, 191, 194, 201, 210, 227
明るい響きの"l"　144, 215
アクセント　5, 10, 14, 24, 43-46, 48-57, 59, 60, 66, 68, 73, 74, 84, 86, 87, 104, 105, 110, 116, 123, 124, 128, 129, 165, 180, 181, 185, 186, 191, 194, 195, 200, 201, 203, 216, 217, 224-226, 228, 229, 231
アクセント移動　57
アクセント拍　53, 55
アクセント拍リズム　54, 58, 163, 165, 226
アクセント・パターン　60, 61, 86, 88
頭子音　10
異音　3, 4, 6, 15, 118, 124, 144
異化　154
一般アメリカ英語　208, 230
一般イギリス発音　208
咽頭　37, 40, 41, 120, 129, 134, 157

イントネーション　14, 31, 32, 43, 48, 49, 56, 61-65, 67, 69, 72, 75, 76, 78, 84, 85, 108, 110, 125-127, 160, 217, 223, 224, 231
イントネーション曲線　65, 68, 109
イントネーション句　68
イントネーション・グループ　68
イントネーション言語　63
イントネーション・ユニット　68
上歯　40, 89, 117, 132, 133, 135, 175
円唇　95, 111, 167
オックスフォード英語　207
音の大きさ　14, 19, 45
音の高さ　14, 18, 21, 33, 43, 45, 53, 63, 91
音の長さ　14, 45, 79, 96-98, 101, 106
音質　19, 20, 23, 26, 83-85, 89, 96-98, 102, 105, 209
音声スペクトログラフ　24
音声スペクトログラム　24, 27
音声脱落　192, 194, 203
音節　5, 9-16, 19, 43-46, 48-58, 62, 65-68, 73, 75, 76, 83-86, 89, 97, 104, 105, 109, 116, 123, 124, 128-131, 147, 162, 163, 166, 175, 177, 180-185, 191, 192, 194, 195, 211, 216, 217, 225-227, 229
音節核　9
音節主音　9
音節拍　53, 56, 58
音素　2-4, 6, 7, 14, 43, 100, 101, 117, 118, 124, 139, 144, 152
音素配列制約　153, 158

音調　62, 66, 69, 71, 72, 75, 85, 88
音調核　63-66, 68, 69, 72-75, 85
音調群　65, 67-69, 73, 75, 78, 85
音調言語　62

か行

開音節　10
外国語なまり　13, 44, 218-222, 224, 229-231
介入的な"r"　164
開母音　91, 111
確立脱落　193
河口域英語　208, 216, 230
嵌入的な"r"　164
気管　37, 128
聞こえ度　11, 13, 19, 24, 181
聞こえ度の高い　9
気息音　3, 123, 137, 197
規則的　20-22, 33, 39, 53, 229
規則波　21-23, 33
気道　1, 2, 40, 89, 120-122, 128, 157
機能語　52, 74, 82, 105, 185-187, 189, 191, 203, 204
基本周波数　21, 23, 24, 33, 62
基本母音　96, 97, 213
逆行同化　171, 174, 175, 177, 203
旧情報　73, 74
強音節　44-47, 52-56, 58, 59, 63, 64, 66-68, 72-74, 104, 110, 124, 128, 163, 165, 181, 215, 226
強形　185-189, 227
強調アクセント　74
共鳴音　89, 90, 120, 121, 140, 157
共鳴子音　20

句　14, 43, 51, 60, 62, 67, 72, 80, 81, 84, 85, 110, 162, 169
偶発脱落　193
具現化　4
唇の丸め　95, 105, 106, 112, 140, 145, 146, 211
暗い響きの"l"　144, 145, 215
継続音　138, 148
形態素　150
現代版RP　208
語アクセント　48, 50, 52, 217, 224-227, 231
硬音　109, 110, 128, 131, 138
口蓋図　118, 119
口蓋垂　37, 40, 129, 157
口腔　2, 27, 28, 37, 40, 89-91, 96, 97, 105, 120-122, 128, 129, 131, 132, 144, 148, 168, 180, 195, 229
口腔閉鎖音　121
口(腔)母音　96
硬口蓋　37, 40, 41, 91, 107, 111, 117, 130, 136, 138, 143, 146, 150, 157
硬口蓋接近音　145, 146
硬(子)音　116, 229
後舌　41, 91, 105, 106, 111, 117, 121, 122, 130, 143, 144, 148, 149, 157, 168
後舌母音　27, 47, 91, 97, 98, 111, 144, 168
喉頭　21, 37-39, 157
後部歯茎音　29, 138, 139, 150
後部歯茎接近音　140, 141
高母音　91, 92, 97, 99, 111
声の高さ　21, 33, 40, 61-64
声の強さ　40

242

索　引

呼気段落　162
語強勢　48
国際音標文字　5, 6, 46
コックニー　208, 216, 230
誤答分析　219
コミュニケーション中心の教授法　220, 231

　　　　さ　行

最小対立語　4
再分節化　166
ささやき声　39
残存的　167, 171
子音　2-6, 8-16, 19, 21, 27, 31, 35, 39, 43, 48, 79, 80, 85, 89, 90, 98, 101, 108, 109, 115-123, 125, 128-131, 134, 135, 137, 140, 142-148, 150-155, 157-160, 162, 164-172, 174, 175, 177, 178, 181, 183-185, 189-196, 200, 202, 203, 213-215, 223, 224, 226-231
歯音　117, 118, 133, 134, 138, 150, 152, 160, 175
子音削除　116, 225, 228
子音連鎖　13, 146, 151, 153-155, 200-202
弛緩　47
歯間音　133, 134
歯茎　37, 40, 41, 91, 117, 121, 122, 129, 132, 135-144, 148, 157, 165, 175, 180-184, 194, 199, 212
歯擦音　138, 173
自発的な発話　56
自発的な話しことば　80, 81
弱音節　44-47, 52-56, 58, 59, 68, 104, 105, 110, 124, 128, 163, 165, 181, 183, 185, 195, 215, 227
弱形　52, 105, 185-189, 191, 192, 203, 204, 227
修飾語アクセント　60, 61
周波数　19, 21-27, 29, 33, 34, 62, 84, 91, 92, 98
純音　23
上下の唇　40, 117, 128, 135
女王様の英語　207
進行同化　171-173, 203
唇歯音　117, 132, 138, 150-152, 160, 175, 178
新情報　73, 74
心的態度を表す機能　75
振幅　19, 21-24
ストレス・アクセント　52, 195
スペクトル分析　17, 24, 33
正弦波　20
成節子音の/l/　183
成節子音　11
成節子音の/n/　181
声帯　1, 2, 17, 18, 21, 22, 33, 37-41, 45, 61, 62, 84, 89, 109, 111, 116, 121, 126-128, 151, 157, 158, 230
声道　18, 22, 27, 33, 37, 111, 117, 118, 120, 157
精密表記　6, 7, 137, 211
声門　18, 38, 39, 41, 117, 118, 122, 130, 137, 138, 215, 216
声門（音）化　130, 208, 215, 216
声門下圧力　40
声門閉鎖音　39, 42, 118, 122, 130, 131, 182

243

世界の様々な英語　219
接近音　30, 138, 140, 141, 145, 147, 150, 152-154, 215
舌根　41, 157
舌尖　41, 117, 118, 132, 133, 135, 136, 138-141, 143, 144, 148, 157
舌端　41, 117, 118, 121, 132, 135-140, 148, 157, 180
先行的　167, 168
先行同化　174
センス・グループ　69
前舌母音　27, 47, 91, 97, 98, 111, 144, 146, 168
前頭部　68
相互同化　171, 178, 179, 203
相補(的)分布　144
阻害音　120, 121, 140, 157
側面開放音　183, 184
側面接近音　140, 141
反り舌音　107, 141
反り舌接近音　141

た　行

第1アクセント　46, 50, 51, 56, 57, 59, 60, 86
帯気音　3, 7, 28, 123-129, 153, 181, 195, 215, 229, 230
対照アクセント　74, 187
対照的　49, 187
第2アクセント　46, 59
大母音推移　229
卓立　68
弾音　143, 165, 180, 181, 215
単顫動音　180

単母音　96, 97, 212, 213
チャンク　69
中舌母音　91, 111
躊躇のポーズ　80, 81
中母音　92, 99, 100, 111
調音音声学　37, 41
調音器官　2, 5, 11, 22, 27, 28, 37, 40-42, 89, 90, 96, 109, 111, 116, 117, 120-122, 131, 138, 140, 141, 157, 168, 169, 171, 179, 192, 202, 229
調音点　5, 29, 89, 90, 96, 97, 100, 115, 117-123, 128, 131, 138, 148-152, 154, 157-159, 168, 175, 178, 183, 199, 200, 202
調音方法　5, 90, 115, 119, 120, 122, 147, 150-152, 154, 157-159, 177, 178, 194
超分節素　14, 43
長母音　109, 187
通じやすい発音　116, 218, 220
低母音　91, 92, 104, 111
デフォルト　73, 74
電気口蓋図法　118, 157
同化　169-172, 175-180, 203, 204
等時間隔性　54
同時調音　167, 168, 179, 203
頭部　68

な　行

内容語　51, 73, 74, 85, 186, 191, 203
軟音　109, 110, 128, 131, 138
軟口蓋　37, 40, 41, 91, 96, 105, 106, 111, 117, 118, 120-122, 129, 130, 134, 144, 145, 148, 149, 157, 168, 181, 182,

184, 199
軟口蓋音　117, 118, 130, 131, 148, 150, 152, 160, 167, 168
軟口蓋化　144
軟口蓋閉鎖　120, 200
軟口蓋閉鎖音　130
二重母音　4, 10, 15, 96-100, 108, 109, 112, 187, 191, 211-213, 229

　　　　　　は　行

拍　9
波形　ii, 17-25, 28-30, 33-35, 48, 49, 56, 64, 65, 79, 88, 98, 99, 108, 110, 112, 113, 125-127, 156, 160, 162, 163, 169, 197
破擦音　116, 128, 130, 138-140, 150, 152, 157, 170, 171, 196, 198, 229
破擦音化　185
発音区別符号　6
発話速度　14, 43, 56, 79, 83-85, 162, 169, 183, 192
パラ言語特性　84, 85
はり(緊張)母音　96
破裂音　5, 21, 27-29, 80, 122, 124, 126, 127, 138, 180, 181, 183-185, 195, 197, 215, 229, 230
反転音／反り舌音　107, 141, 143, 214
半母音　140, 141, 147, 158
非R音性　213
非円唇　95, 111
非円唇音　95, 112
鼻音　29, 30, 96, 120, 121, 138, 140, 147- 150, 152, 154, 160, 168, 178, 181, 183, 197

鼻腔　18, 37, 40, 96, 121, 130, 134, 148, 149, 183
鼻腔開放　181-183, 202
非言語的　83
ピッチ　18, 19, 21, 23, 24, 43, 45, 48, 52, 59, 61-69, 71-74, 76, 84, 85, 167, 217, 218, 224
ピッチ・アクセント　53
ピッチ幅　63, 84, 224
尾部　68
鼻母音　96, 168
披裂軟骨　38, 39
フィラー　56, 81
フォルマント　26, 27, 30, 33, 91, 92, 98, 126
不規則　21-23, 33
複合語アクセント　60, 61
複合周期音　23
複合波　20
複合名詞　59, 60
フット　55
プロソディ　43, 81, 83, 217, 223, 224, 226, 227, 231
プロミネンス　45, 68, 84
文アクセント　51, 52, 65, 73, 186, 203, 204
文強勢　51
分節　2, 14, 15, 31, 167, 181
分節音　167, 224, 226
分節素　14, 48, 101, 223, 224, 226-228, 231
文末焦点　80
閉音節　10
閉鎖音　11, 48, 116, 121-124, 126, 128-

245

131, 135, 138-140, 147, 150-155, 157, 159, 160, 165, 166, 177, 194-201, 208, 229, 230

閉母音　27, 47, 91, 99, 111, 146

ヘルツ　19, 24, 34, 39, 41

変種　3, 207, 218

ボイス・オンセット・タイム　126

母音　2-4, 6, 7, 9-16, 19-21, 23, 25-27, 30, 31, 33, 35, 39, 43, 45-50, 52, 54, 79, 80, 82, 84, 85, 89-92, 95-98, 100-102, 104, 107, 109-112, 115, 120, 126, 128, 137, 141, 143-148, 153, 155, 157, 158, 162, 163, 165-169, 172, 173, 180-184, 189-192, 194, 195, 200, 203, 207, 209, 211-215, 223, 224, 226-231

母音の弱化　191, 203

母音の長さ　80, 85, 89, 108-110, 113, 128

方言　13, 44, 52, 90, 213, 216, 230

ポーズ前の長音化　80

母語発音原則　219, 223, 231

ホワイトノイズ　22

ま　行

ミニマルペア　4, 15, 50

結び子音　10

無声音　1, 2, 7, 21, 29, 39, 42, 80, 85, 108, 109, 116, 120, 123, 124, 126-131, 134, 136, 138, 147, 151, 157, 158, 172-175, 181

無声子音　21, 38, 41, 109, 116, 128, 172, 173

無声声門摩擦音　117

無声摩擦音　22, 116, 132, 147, 214

無標の　73

明瞭性　116, 218, 220-229, 231

明瞭性原則　219, 220, 231

メンタルレキシコン　80

モーラ(拍)　9, 12-16, 53, 56, 58, 98, 155, 226

モーラ拍リズム　13, 53, 226

黙字　193

や　行

有声音　1, 2, 18, 21, 39, 41, 42, 80, 85, 89, 108, 109, 111, 116, 120, 126, 128-131, 133, 134, 136-138, 148, 151, 157, 158, 160, 172-175, 180, 215

有声子音　22, 116, 128, 172, 173

有声摩擦音　132

緩み(弛緩)母音　96

容認英語　207, 230

ら　行

ラウドネス　19, 24, 43, 44

乱流　22, 120, 157

理解しやすさ　220-222, 224, 231

リズム　14, 31, 43, 44, 47, 52-59, 161, 163, 165, 185, 195, 223, 224, 226, 231

リズム・アクセント　51

リズム移動　57

流音　140, 144, 147

流ちょうさ　i, 224

両唇音　5, 117, 122, 123, 128, 131, 150-152, 159, 160, 175, 177, 178, 199

リンガ・フランカ・コア　221, 231

リンガフランカとしての英語　220

連結　161-165, 202

246

連接のポーズ　80, 81
連続した話しことば　62, 67, 169

　　　　　わ　行

わたり音　147, 167, 211

【著者紹介】

山根　繁（やまね　しげる）

文学修士（神戸市外国語大学），博士（外国語教育学，関西大学）
インディアナ大学 言語学部 客員研究員，ロンドン大学（SOAS）学術研究員，
現在，関西大学 外国語学部 教授

主な著書

『英語音声とコミュニケーション』（単著）金星堂，2001.
『英語授業実践学の展開―齋藤榮二先生御退職記念論文集』（共編著）三省堂，2007.
『ことばと認知のしくみ』（共編著）三省堂，2007.

コミュニケーションのための英語音声学研究

2019年2月28日　第1刷発行
2020年11月6日　第2刷発行

著　者　山　根　　繁

発行所　関 西 大 学 出 版 部
〒564-8680　大阪府吹田市山手町3-3-35
電　話　06(6368)1121　FAX 06(6389)5162

印刷所　協 和 印 刷 株 式 会 社
〒615-0052　京都市右京区西院清水町13

ⓒ 2019　Shigeru YAMANE　　　　　　　　　　　Printed in Japan

ISBN 978-4-87354-689-6　C3082　　　　　　落丁・乱丁はお取替えいたします。

JCOPY ＜出版者著作権管理機構 委託出版物＞
本書（誌）の無断複製は著作権法上での例外を除き禁じられています。複製される場合は，そのつど事前に，出版者著作権管理機構（電話 03-5244-5088，FAX 03-5244-5089，e-mail: info@jcopy.or.jp）の許諾を得てください。